本书系以下基金项目阶段性研究成果：
[1] 2014年安徽省高校优秀拔尖人才培育资助项目：高校优秀青年人才支持计划。
[2] 2016年合肥学院学科带头人培养对象项目（2016dtr05）。

出版传媒集团投融资效率研究

基于体制变迁的评价与验证

杨庆国 ◎著

中国传媒大学出版社
·北京·

序　言

这是一本在题为“体制变迁与出版传媒集团投融资效率研究”的博士论文的基础上，进一步研究扩充形成的书稿。2016 年 5 月份，作为作者的博士生导师，我在上海理工大学参加了杨庆国的博士论文答辩，答辩委员会成员对其读博期间所取得的丰硕研究成果及其博士论文的研究方法、学术质量、写作水平给予了充分肯定和很高评价。在本课题研究中，作者力图在改革实践的基础上和理论逻辑的导引下构建自己的理论框架：一是我国文化体制改革的“转企改制”是由出版行业率先开始的，出版业非常具有文化行业的典型性与代表性。二是出版业“转企改制”的进程安排是以“事企分开”原则对经营性出版单位进行资产、产权、股份等市场改造的，进而推进投融资体制改革，构建统一、开放、竞争、有序的市场体系，做强做大产业实体。三是出版传媒集团是新闻出版业最大的产业主体，我国新闻出版投融资体制改革主要是面向这些企业集团进行的；集团上市企业是新闻出版业“转企改制”的重大体制突破与成功标志，它们也是集团投融资活动的主体和最能代表文化企业集团投融资活力的市场板块。因此，借助行业调研和上市企业数据，引入经济学、投资学、统计学等多学科的方法和研究工具，作者将新闻出版投融资体制改革与集团投融资效率进行了交叉验证、量化研究。应该说，这是作者在本学科学术领域研究上的一个创新，尤其对传统的新闻出版体制改革政策、经验研究转化成产业、市场实证研究，有非常好的学术前景和借鉴价值。

“功能决定性质，性质决定体制，体制决定机制”，这是一个由事物的逻辑关系决定的思维逻辑和工作思路。我在十五年前提出的这个观点，得到了中央和行业的普遍认可，由此厘清了性质、体制、机制的关系，把体制作为中心环节。体制改革作为我们国家的一个专有词语，它既包括宏观层面上的制度改革，又包括微观层面上的运行机制优化。我国文化行业中的体制改革比国外学者所研究的制度变迁要更加复杂、精细；而在实践中，体制改革已发展成为国家针对行业管理、企业运行和服务能力提升的激活器和调控器。因此，研究体制改革在理论、实践、制度、机制等方面都有着多维价值和全局意义。

所有的文化都具有双重性，新闻出版既是一种文化事业，也是一种文化产业。作为文化事业，它传达的是一种观念、思想、知识、价值观，具有意识形态特征；作为文化产业，同时它又是一个实体行业，是一种产品、产业，具有生产、消费、流通的市场价值，它又是物质的，要符合一般生产规律。

自党的"十六大"以来，按照中央发展文化产业的要求，新闻出版业率先改革并一直就是我国文化体制改革的排头兵，十多年新闻出版"转企改制""上市融资"所铸造的行业高峰领跑了文化体制改革与整个文化产业发展。党的"十六大"报告首次明确了文化体制改革需要按照文化事业与文化产业分开的路径进行。前者是推动公益性文化事业发展，构建完善的公共文化服务体系，后者是加快经营性文化单位转企改制，打造现代文化产业市场体系。整个新闻出版体制改革就是实现"一个体制、两个格局、三个体系"的目标。"一个体制"：党委领导、政府管理、行业自律、企事业单位自主经营。"两个格局"：以国有为主导，多种经济共同发展的产业格局；以民族文化为主，吸收人类优秀文化共同发展的开放格局。"三个体系"：一个是统一开放、竞争有序、健康繁荣的市场体系；一个是以人为本、深入基层的公共文化服务体系；还有一个是传输快捷、覆盖广泛的现代文化传播体系。

围绕塑造市场主体、加快公益性单位改革、整合市场资源以及创新投融资体制四个方面进行的新闻出版体制改革，涉及管理体制、经营体制和服务体制三方面的体制改革。管理体制改革的核心是实现"四分开"，即政企分开、政事分开、政资分开、管办分离，逐步形成权责一致、分工合理、决策科学、执法顺畅、监督有力的行政管理体制，理顺党、政、企、事和市场中介组织的关系。经营体制改革的核心是转企改制、走上市场竞争发展之路，完成经营性文化单位转企改制，建立现代企业制度和现代市场体系，开辟多元投融资渠道，壮大市场主体和产业实力。服务体制改革就是要转换公益性文化单位运行机制，搞活内部，提高效率，更好地体现公共文化服务的职能。

作为文化体制改革中重要的一环，新闻出版投融资体制改革的主要目标是构建良好的市场外部生态体系与产权结构调整，做强做大投融资主体、拓宽投融资渠道、创新投融资模式、提升投融资效率。为此，新闻出版业需要全面优化新闻出版业改革发展的政策环境、法制环境、市场环境，清理和盘活国有文化资产，有序吸纳社会资本和境外资本，发挥国有资产存量、金融、基金、股市、证券的投融资功能，建立有利于产业发展的投融资体系。

上百家国有和国有控股的出版传媒集团是新闻出版体制改革的排头兵和新闻出版产业发展的主力军，也是新闻出版投融体系中最重要的投融资主体。我们既要在抓集团、抓项目、抓基地（园区）"三抓"工作中突出出版传媒集团的投融资工作，培养一大批出版传媒"航空母舰"，也要在完成转企改制的基础上，以"三改一加强"为中心，通过改革、改组、改造和加强管理，加快现代企业制度建设，完善法人治理结构，做大做强出版传媒企业，培育一批发挥市场主力军作用的国内一流、世界知名的大型出版传媒集团，同时加强市场体系建设，形成比较完善的产品市场体系和资本市场体系。截至2015年年底，全国119家集团共实现主营业务收入3001.8亿元，较2014年增加187.0亿元，增长6.6%；拥有资产总额6018.1亿元，增加670.2亿元，增长12.5%；拥有所有者权益3178.1亿元，增加357.5亿元，增长12.7%；共有16家集团资产总额超过百亿元。进一步测算可见，2010—2015年，出版传媒集团资产总额、主营业务、利润总额在出版发行全行业中的占比均值达到77.05%、61.45%和50.03%。上述占比均已超过半数以上，出版传媒集团的骨干地位和作用已比较凸显，也确实担当了文化改革发展主力军和文化产业战略投资者的责任。尤其是一批集团借助股份制改造成为上市公司，发展尤其显著。最新统计显示，凤凰出版传媒集团、中文传媒集团、中南出版传媒集团等11家集团公司，借助上市的资本运作，较短时间内跨进了资产、收入“双百亿”的行列，有多家企业已经跃入“全球出版业50强”，其中位列前10强的有3家，令国际同行赞叹不已，国际版协主席称之为“全球出版进入中国世纪”。

我们正处于一个文化传播高速发展变化的时代，技术、信息、知识、资本、市场、业态等都是在不断更迭，这对产业发展来说既是机遇，也是挑战。我们要不忘初心、奋力前行，在党中央的领导下坚持文化事业、文化产业发展的正确方向，坚定不移地深化行业的体制改革，继续推动行业的制度变革和运行机制优化，只有这样才能赶上时代节奏、市场发展和产业创新的大趋势。我很高兴地看到自己的学生能在这样大发展的时代背景中，敏锐感知出版传媒和领悟出版行业发展的关键，探究体制变迁与出版传媒集团投融资效率之间的学理脉络、实践关系和逻辑架构，能够运用科学的研究方法和研究工具，发掘真理。

这部作品虽只是一种学术探讨和研究，尚有值得继续进行学术深挖的部分，但其中蕴含对出版传媒集团的关注、对投融资体制改革的思考和作者为之付出的辛勤工作，还是有不少闪光点和可取之处的。作为一部青年学者的出师之作，我也希望学界及业界专家、广大读者对作品提出宝贵意见和建议，以利于作者进一步深入思考、研究这一经济与文化融合的交叉学科，使其与学术一起成长。

2017.5.30

目 录 Contents

第一章　绪论

原国家新闻出版总署署长柳斌杰(2013)在其《论文化体制改革》一书中提出,功能决定性质,性质决定体制,体制决定机制。[1]实际上,柳署长的论断隐含了一个制度逻辑,而这一逻辑是本研究关于体制变迁的核心技术路线的依附。因此,本研究首先要做的就是对其进行理论推导和论证。

首先,本研究引入系统论的一个核心观点进行分析:在系统功能实现的三要素(元素、结构和环境)中,结构是不同系统组织间所产生各种联系/关系的总和或集中特征,是系统功能实现的内生条件、重要基础与根本保障。

其次,制度经济学对结构问题也进行了深入研究,其一大理论贡献就是论证了制度与组织的互生关系。比如,组织与制度一样,是为人们的相互交往提供某种结构,二者相互影响(诺斯,1990)。[2]奥利弗·威廉姆森(Oliver Williamson,1975,1985)认为,组织及其结构、程序本身就是制度,作为制度的组织就是一种设计用来治理生产活动并使交易成本最小化的系统。斯科特(Scott,2008)认为,当代组织的两个重要特征就是:(1)同一组织场域中的各种组织结构相似,即“结构同形”;(2)组织既包含正式结构,也包含非正式结构。① 他更倾向使用带有一定清晰边界性质的组织场域(如市场、公共政策等),而不是环境等模糊的概念来研究制度与组织。他的组织场域概念主要包括场域内组织集合(部门内集合)、场域外组织集合(类似产业链延伸或部门跨界的集合)以及对组织种群存在影响的认知关注(组织种群生态的认知与把握);其核心要素主要包括:(1)关系系统,即场域(或部门)层面上的关系或正式结构;(2)文化—认知系统层面的非正式结构;(3)组织原型;(4)场域中的集体行动。[3]

最后,在社会学领域,迈耶(Meyer)、朱克儿和道宾(Dobbin)等更是指出“组织=制度”。比如,朱克儿(1983)就曾提出,现代组织是现代社会中卓越的制度形式。这些学者似乎以此来反对去区分组织及其制度环境。[3] 因此,本研究推导认为,结构是由制度决定的。

作为一种制度的体制,国内各行业的体制改革实则或者核心就是一种结构调整。如果按照前述把结构视为关系特征的逻辑来分析,体制变迁就是体制内、外关系的调整,对投融资体制变迁的调整就是政府(管理主体)、市场(服务主体)、企业(运行主体)三大主体之间的关系安排或结构塑造。

在引入产业组织理论经典分析框架“结构(S)—行为(C)—绩效(P)”的基础上,我们可以更加清晰地得到研究的核心逻辑:制度→结构→功能→性质→体制→机制→效率/绩效。

出版业是我国文化体制改革的急先锋与排头兵,“转企改制”实施十

---

① 斯科特(Scott)的组织正式结构是指得到官方认同的职位以及从事商业行为的方式;非正式结构则是指企业内部的实际行为模式和工作惯例。在两者的比较中,他更看重正式结构的“同形”理论。很显然,斯科特的“同形”理论受到了马吉奥、鲍威尔(1983)的强制性、规范性和模仿性同形“三分法”的影响。资料来源:斯科特.制度与组织:第3版[M].北京:中国人民大学出版社,2010:161.

多年来铸造的行业高峰，领跑了文化体制改革与整个文化产业发展。[①]因此，本课题研究的新闻出版投融资体制改革及其集团投融资，在整个文化产业中具有较高的参照和推广价值。

投融资体制改革是我国国有企业"转企改制"的核心任务之一，也是增强新闻出版企业活力、产业实力和国际竞争力的外生制度保障与企业集团内生(投融资)效率提升的推手。但在转型过程中，出版传媒集团投融资的政府管理、市场服务与企业运行还存在许多传统路径依赖及与现实不适应的问题；同时，学界对这一体制变迁动态过程及影响的捕捉过于零散，对于"转企改制"、体制改革等研究多基于经验判断而缺少实证分析，从而未能实际发挥理论先导、绩效/效率评价与关系验证等作用。

因此，以集团上市企业为样本，本研究将新闻出版投融资体制变迁/改革与集团投融资效率进行交叉论证，以此实现两个目标：一是厘清"转企改制"形成的新闻出版投融资体制对集团投融资效率的影响；二是面向集团投融资效率提升，研究如何进一步推动新闻出版投融资制度安排与体制改革。

集团投融资效率与新闻出版投融资体制改革之间的逻辑关系是：集团投融资效率是新闻出版投融资体制改革成效的主要体现；新闻出版投融资体制改革则是集团投融资效率提升的制度保障。由此，集团投融资效率的升降不仅是我国新闻出版投融资体制改革的晴雨表，更是影响我国新闻出版业能否持续发展的关键。

---

① 2013年3月，时任国家新闻出版总署署长柳斌杰在接受新华社记者采访时表示，新闻出版业用了十多年时间铸造了中国当代出版的十座高峰，即马列理论、历史、古籍、文学、学术、科学、法律、工具书、艺术和汉译名著，跨越了思想观念、部门利益两大障碍，经营性文化单位"转企改制"取得实质性成果，出版、发行领域"转企改制"率先完成，一直领跑文化体制改革。资料来源：璩静.出版铸就十座高峰 领跑文化体制改革——专访柳斌杰[EB/OL].[2013-03-04].http://www.gov.cn/2013lh/content_2345029.htm.

第一节 研究背景及研究重点、难点

一、制度管理背景:投融资体制改革的紧迫性和现实针对性

投融资体制改革是增强新闻出版企业活力、产业实力和国际竞争力的制度保障,是我国新闻出版业进入“后改制”时代产业发展的核心任务。因此,投融资体制改革具有很强的紧迫性和现实针对性。

首先,“转企改制”确立了“以企业为主体,以市场为主导”的面向市场多元化投融资的新型体系。我国新闻出版投融资改革兴起于20世纪70年代,90年代随着一批新闻出版集团的组建,出版传媒集团化与投融资方式多元化得以快速展开;2003年,全国文化体制改革试点工作启动,新闻出版业成了改制的排头兵和试验田,一些中央部委的出版社率先完成了“转企改制”;2006年,“新华传媒”成功上市,标志着新闻出版面向资本市场投融资获得了重大的体制突破。截至2010年年底,全国经营性新闻出版单位“转企改制”完成,并以此奠定了新闻出版业“以企业为主体,以市场为主导”的新型市场体系和投融资体系。

其次,体制三大主体的角色发生了转化。第一,政府由投融资主导者转变为投融资管理者。政府对新闻出版企业的投融资服务由行政拨款转变为企业贷款(即“拨转贷”),由原先的政府主导演变为政策通道贯通、投融资平台构建和制度监管。自改革开放以来,我国新闻出版业“事业性质,企业化经营”的双重属性决定了其投融资是由政府和市场共同主导完成的。随着“转企改制”的推进,政府角色由原先的新闻出版企业投融资的主导者演变为管理者。如《关于进一步推进新闻出版体制改革的指导意见》首次提出民营资本将被吸纳参与出版行业融资;《关于加快出版传媒集团改革发展的指导意见》指出,要支持出版传媒集团实现主营业务整

体上市，推荐研发高新技术的出版传媒企业到创业板上市，确定投融资的发展线路，等等。

第二，出版传媒集团由事业单位转变为市场主体。“转企改制”的完成使得出版传媒集团由原来隶属于政府的事业单位转为企业，从而成为产权清晰的市场主体，进而推动了集团的股份制改造和公司制运行，逐步完善了出版传媒集团的现代企业制度建设和法人治理结构，扩大了集团面向市场进行投融资的自主权，对于出版传媒集团的壮大和竞争力的提升有着积极的影响。

第三，金融系统等市场组织由行政对接转为服务主体。赵鑫（2005）认为，新中国成立以来，我国银行制度共发生了三次变迁：中国人民银行控制的单一型银行制度（1949—1978）→中国人民银行与商业银行体系形成的二元型银行制度（1978—1993）→“多元制”银行体系（1993 至今）。[4] 这一制度变迁改变了我国以银行为主导的金融系统长期依赖行政手段而非市场手段对接的银企关系，也使得金融系统以及后期发展起来的中介组织转向以市场主导投融资服务主体角色的确立。

最后，投融资体制改革的外部环境推动力及集团投融资发展的内驱力不断增强。新闻出版业“转企改制”外在动因在于国家由计划经济向市场经济转型发展提出的对于文化产业改革的匹配性要求。新闻出版在整个文化产业中相对广电等具有较低的意识形态敏感性和较高的实体产业经营属性，成为文化产业投融资体制改革的排头兵。市场经济的快速发展推动了相应的政府制度供给、金融体系完善、法制健全等，从而保障了新闻出版投融资的良好运行。“转企改制”推进了传统出版传媒集团的产权制度改革，使其成为产权清晰、独立经营、自负盈亏的企业实体，改善了集团转向投融资发展的内环境，并由此提升了集团做大做强及参与市场竞争的内驱力。

二、产业发展背景：产业主体地位形成与面向资本市场投融资常态化

（一）出版传媒集团产业主体地位形成

从1996年的第一家报业集团——广州日报报业集团到1999年的第一家出版集团——上海世纪出版集团，我国出版传媒集团历经20余年的发展与壮大，其总数已达120余家，并已成为国内新闻出版业的主力军。

如图1-1，2010—2015年，出版传媒集团资产总额占比（出版发行全行业）均值为77.05%；主营业务占比（出版发行全行业）均值为61.45%；利润总额占比均值为50.03%。

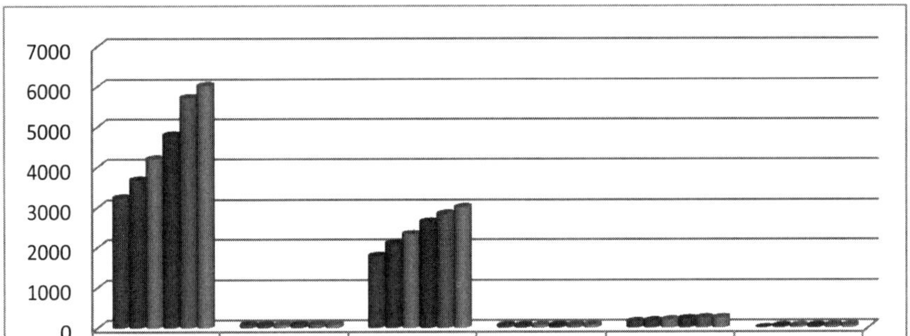

	资产总额	占比	主营营业收入	占比	利润总额	占比
2010	3234.2	73.5	1785.8	53.8	152.2	0
2011	3680.1	73.4	2094.6	57.5	173.4	43.2
2012	4202.2	73.7	2333.9	57.9	194.3	44.6
2013	4794.7	77.1	2644.3	61.6	225.8	49.5
2014	5720.1	81.8	2840.0	69	247.0	58.9
2015	6018.1	82.8	3001.8	68.9	247.2	55.3

图1-1　2010—2015年出版传媒集团资产总额、主营业务利润总额及其各自占比

注：(1)图内数据单位：亿元，%；(2)占比是指占出版发行全行业的比值；(3)数据来源：全国新闻出版统计网，2010—2015年新闻出版产业分析报告；(4)2014、2015年的数据是依据2014、2015年新闻出版产业分析报告的计算值。

由上述数据及图示可见，出版传媒集团已经占据了新闻出版产业的主体地位。

（二）出版传媒集团面向资本市场投融资常态化

首先，面向资本市场投融资使出版传媒集团实现资产倍增。出版传媒集团作为“转企改制”最为成功的代表之一，“上市融资”推动了出版传媒集团快速做大。1999 年，《成都商报》旗下“博瑞传播”借壳上市，成为我国第一家上市的出版传媒企业；2004 年 12 月，作为第一家海外上市的出版传媒集团，北京青年报社“北青传媒”成功登陆港股；2006 年，国内第一家发行集团——上海“新华传媒”借壳成功上市。此后，经过 10 余年的快速发展，我国目前已有 19 家出版传媒集团改制上市。面向资本市场的运作，使得许多出版传媒集团迅速强大，甚至一跃成为世界级出版传媒集团。2015 年 6 月公布的 2015 年《全球出版企业排名报告》① 全球 50 强中，中国共有 4 家集团位列其中：凤凰出版传媒集团、中南出版传媒集团、中国出版集团、中国教育出版传媒集团；更令人刮目相看的是，凤凰出版传媒集团、中南出版传媒集团已经进入前 10 强，两大集团分列全球 50 强中第 6 位和第 7 位。凤凰出版传媒集团旗下的“凤凰传媒”和中南出版传媒集团旗下的“中南传媒”上市时间分别为 2011 年 11 月和 2010 年 10 月；短短四五年的时间，面向资本市场投融资运作就让这些出版传媒集团实现了跨越式的大发展。

其次，国有出版传媒集团与民营出版企业合作使投融资发展迅速。2012 年 6 月，原国家新闻出版总署颁布实施了《关于支持民间资本参与出版经营活动的实施细则》，打通了国有出版传媒企业与民营出版传媒创

① 《全球出版企业排名报告》由法国书业杂志《读书周报》（*Livres Hebdo*）发起，由国际专业咨询机构 Rüdiger Wischenbart Content and Consulting（RWCC）调研编制，与中国的百道网、英国《书商》、德国杂志《图书报道》（*Buchreport*）、美国《出版商周刊》以及《巴西出版新闻》（*Publish News Brazil*）联合发布。

意发行公司投融资合作的政策通道，提出民间资本可以通过国有出版传媒上市企业在证券市场融资参与出版经营活动，并支持国有出版传媒企业通过上市融资的方式吸收民间资本，实现对民间资本的有序开放。该细则有力地推动了民营资本或民营出版业参与出版传媒集团投融资活动，激活二者协同发展所形成的“混合经济”。以重庆出版集团为例，近几年该集团以“走出去、多元化、股份制”战略为目标；2014 年 1 月，集团旗下五洲盛世文化发展有限公司与北京时代天华文化传播有限公司、北京博尔国际文化传媒有限公司等民营文化企业实现了联合重组，推动了集团的快速发展。最新数据显示，2013 年，该集团总资产达 66.76 亿元、净资产达 23 亿元、销售收入达 15.9 亿元、利润总额为 9682 万元，比 2004 年集团成立时分别增长了 6.7 倍、6.2 倍、4.9 倍和 1.7 倍。[5]实践进一步证实，国有出版传媒集团与民营出版企业合作投融资形成的合资公司的成效非常显著：大多数合资公司实现了规模的快速扩大；提升与规范了公司的管理；提升了共同的经营平台。[6]

最后，并购、重组、参股、控股等集团化投融资形式蔚然成风。主要呈现两种形式：一是以出版传媒集团为主导的市场并购、重组等日趋风行；二是中小出版企业借以形成了出版传媒集团。《2014 年传媒业市场并购报告》显示，2014 年我国传媒业共发生 200 多起传媒行业并购，总金额超过 2200 亿元，远远超过了 2013 年的数量和水平，按照子行业划分是以影视、游戏、广告、出版类、互联网媒体并购为主导，次数分别为 63、57、46、17 和 13，[7]如果把网络游戏归到数字出版系列的话，实际上出版传媒行业共发生 74 起并购事件。特别值得一提的是凤凰传媒：2014 年 5 月，凤凰传媒的全资子公司江苏凤凰教育出版社有限公司以 8000 万美元收购美国童书生产商 Publications International, Ltd.①、JRS Distribution Co.

① PIL 公司占据美国 90%以上的儿童市场，拥有全球主要市场出版许可权和英、法、德等多国海外运营网点。

及其某些关联方拥有的儿童图书业务全部资产和经营童书业务的相关关联方的100%的股权和权益;同年12月,又投资3.465亿元人民币收购其持有的目标公司上海传漾广告有限公司66%的股权。

三、外部市场竞争背景:集团投融资"走出去"压力倒逼

自2003年我国加入世界贸易组织(WTO),我国的出版业(主要为图书零售和批发业务)已作为逐渐开放的产业之一,这就决定了国内出版传媒集团必将面临国内外两个市场的竞争,尤其是近几年的新媒体发展,使得国内出版业面临更大的国际竞争。

(一)西方出版传媒业投融资活动的活跃及出版传媒集团迅速做大

20世纪90年代至今,西方出版传媒业投融资改革实践经历了两个标志性的发展阶段:

一是集中上市"累积资本"阶段(20世纪90年代后期至21世纪初)。出版传媒企业的集中上市,迅速壮大了企业资本实力。以美国为例,1999—2001年是美国新闻出版传媒企业集中上市的阶段。截止到2001年10月,美国传媒业共有195家上市公司,其中出版业61家、广告业50家、广播电视业84家,总市值达4524亿美元,其中广播电视业达3570亿美元、出版业和广告业分别为627亿美元和327亿美元,平均市盈率57倍,远远高于当时20倍的美国股市平均市盈率。[8]

二是大肆并购"开疆扩土"阶段(21世纪初至今)。西方出版传媒业逐步掀起一股企业并购风暴,并由此产生了一批出版传媒巨头。The Jordan Edmiston Group Inc.(JEGI)公司的调查显示:美国传媒并购规模从2003年触底反弹,并在后续5年一直呈加速度增长,在2007年达到高峰,全年并购交易总数为872宗,交易金额高达1044亿美元。2008—2009年,虽然遭遇全球金融风暴冲击,但新媒体并购成为新亮点。在2009年十大传媒并购金额的事件中有8件归属于新媒体领域。[9]柳斌杰

认为，开展战略投资和资本运营是大型国际出版集团迅速壮大、出版业市场规模大幅扩容的必由之路。2000—2008 年，美国出版传媒业开展了 1026 次资本并购，年均 114 次，年均交易额 86 亿美元。[10] 前述的 2015 年《全球出版企业排名报告》也发现，前 10 强出版商大都是通过并购来拓展海外业务，进而大幅度提高本集团的财政收入。2014 年，企鹅兰登书屋依然是全球规模最大的出版商，销售额超过 40 亿美元，比 2013 年增长了 25%，位列榜单第 5 位。此业绩主要得益于其对企鹅出版社（2013 年 7 月）和西班牙语普通版图书出版社（2014 年 7 月）的两次海外并购。[11]

（二）竞争倒逼与中国出版传媒集团投融资“走出去”

1.境外上市融资

近年来，中国出版传媒业的境外上市非常火爆，尤其是一些新型网络出版企业不断涌现，2012 年一度高达 16 家。从上市地点来看，主要集中于港股和美国的纳斯达克；从出版传媒集团视角来看，北青传媒、现代传播、财讯传媒和新华文轩 4 家，均在香港上市。

2.出版传媒集团海外直接投资（FDI）

目前，我国出版传媒集团的 FDI 项目主要是海外出版产业，其他产业领域涉及不多，其主要形式有两种[12]：一是通过独资或合资的方式进行海外并购，兼并或者收购国外出版资源，其中包括原创内容、品牌商标、印刷服务技术和已有的发行销售渠道，由此获得国外的出版社、印刷厂、实体书店和销售网络通道等。最近几年，国内出版企业呈现出初始以参股、控股的方式与国外出版企业合作运营，日后逐渐并购的倾向。虽然通过参股、控股的方式进行并购所需要的时间跨度大，但也正因为周期较长，给予了国内企业深入了解被并购企业的内部情况及外部环境的时间，从而降低了企业并购风险。[13] 二是海外绿地投资。主要是在海外建社建站、办报办刊和开厂开店，从内容、品牌、印刷服务和销售四个方面进行投资新建，具体模式如图 1-2。

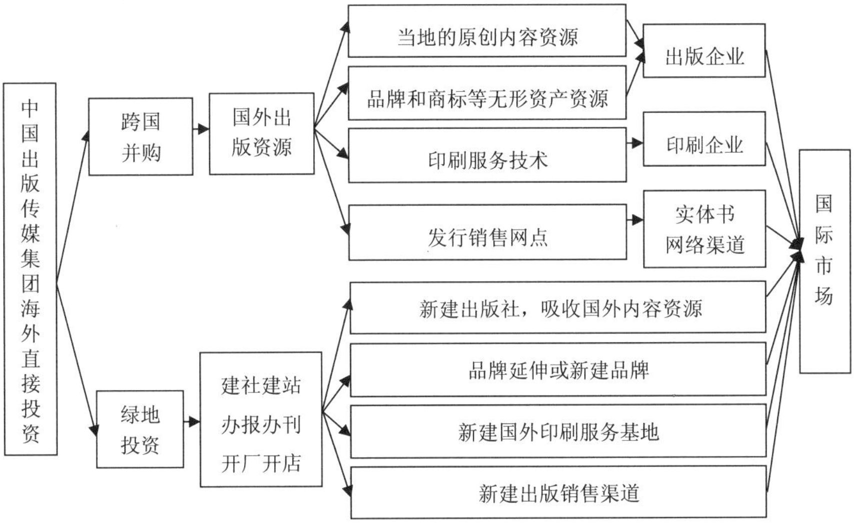

图 1-2 中国出版传媒集团海外直接投资模式

资料来源：杨庆国，孙梦雨. 我国出版产业国际市场进入模式选择研究[J]. 中国出版，2012(22)：12-17.

海外直接投资也锻炼和壮大了国内一批大型跨国出版传媒集团，比如凤凰出版传媒集团、安徽出版集团、中国出版集团、中国科技出版传媒集团、中南出版传媒集团等，也为中国出版业"走出去"积累了丰富的经验。

四、研究的重点、难点

新闻出版投融资体制改革与创新是壮大产业和提高出版传媒集团投融资效率的激活器、助推剂和有效途径；出版传媒集团是新闻出版体制改革（包括投融资体制改革）的主要着力点，它的投融资效率直接验证了我国新闻出版体制改制（包括投融资体制改制）的效果。二者存在紧密的内在互生关系。本研究的重点、难点如下：

(一)研究重点

1.理论研究:分析新闻出版投融资体制变迁对出版传媒集团投融资系统完善、效率提升的理论意义;厘清投融资体制的内嵌框架及其与出版传媒集团投融资效率理论嫁接关系,并为后续研究搭建较完善的体系框架。

2.现状分析:分析新闻出版投融资制度演化、体制变迁历程与出版传媒集团投融资现状,为培育与健全投资主体、拓展投融资渠道、创新投融资模式打下基础。

3.理论建模与实证研究:建模实证分析新闻出版投融资体制改革对出版传媒集团投融资效率的作用机理;借助上市出版传媒集团经验数据,验证投融资效率与体制变迁的关联关系。

4.体制改革与制度设计研究:提出切实可行的新闻出版投融资体制改革与出版传媒集团投融资发展建议。

(二)研究难点

1.研究所需的出版传媒集团投融资翔实的、丰富的第一手数据、案例材料的获取等较困难。

2.由于体制改革本身的复杂性和多变性,本研究力求提出符合新闻出版投融资体制改革与出版传媒集团投融资发展的战略设计和合理制度安排,也有一定的难度。

3.2010 年年底改制完成前,由“政府拨款”或“拨改贷”(双轨制)主导的新闻出版投融资体制不完全市场化以及出版传媒集团相关数据的缺失,导致本研究无法实现变迁历程的对比研究。

第二节　研究意义

一、理论意义

本研究的理论价值主要包括以下几点：

1.从中观的视域切入，分析我国新闻出版投融资体制改革及其体制变迁历程，由此将宏观的制度变迁与微观的企业（出版传媒集团）机制运行进行有机的理论对接，并将制度经济学、企业集团理论、投融资理论、效率理论、产业组织理论等纳入其中，从而实现跨学科的理论交叉与融合。

2.围绕出版传媒集团投融资体制变迁模型，构建相对完善的理论模型及测度指标；通过严谨的理论逻辑安排和科学的实际验证，构建一个相对规范的体制改革研究框架。

3.借助本研究，希望为推动和深化"转企改制"后出版传媒集团投融资可持续发展提供理论支撑和现实依据。

二、实践意义

实践中，本研究将制度变迁理论、体制改革与出版传媒集团投融资实践相结合，探索制度环境、制度安排、体制变迁、集团运行机制、投融资效率等所形成的出版传媒集团投融资体系现实应用，借以推动体制改革与出版传媒集团投融资过程中一些现实紧迫性问题的解决。

1.厘清体制变迁与出版传媒集团投融资的关系。本研究主要从宏观的制度演化、中观的体制变迁、微观的出版传媒集团投融资机制运行三个层面展开分析；尤其是微观层面上的分析，对出版传媒集团的主体壮大、投融资渠道拓展及其模式创新等有着积极的借鉴意义。

2.借助理论模型论证与上市出版传媒集团经验数据验证，形成实证研究。本研究借助理论模型，论证并探索投融资体制改革对出版传媒集团投融资效率的作用机理，借助上市出版传媒集团经验数据验证上述二者之间的关联关系。又因新闻出版业是文化产业的主力军，[①]上述两类实证研究在整个文化产业投融资效率提升的模型普适与经验推广中都有着较大价值。

三、政策建议意义

在理论奠定和实践探索的基础上，从宏观的制度安排、中观的体制改革和微观的机制优化三个视角，提出一些切实可行的发展出版传媒集团新闻出版投融资的政策建议，从而厘清政府（管理主体）、市场（服务主体）、企业（运行主体）三大主体在投融资层面的关系，为面向市场的出版传媒集团投融资发展战略提供方法借鉴、现实参照和经验积累。

第三节 研究方法与框架

一、研究方法

1.运用文献整理、理论分析方法形成规范研究，从而奠定本研究的理论基础，形成路径，探索新闻出版投融资体制变迁与出版传媒集团投资效率相互作用的理论架构。

2.通过政府政策整理、行业运行案例分析与数据统计等方法形成现状研究，分析我国新闻出版投融资宏观制度变迁、中观体制变迁和微观出版传媒集团投融资运行情况。

3.借助调查研究和经验数据验证等方法以及 SPSS、AMOS、DEA、

---

① 中新网 2011 年 11 月 17 日电，新闻出版总署署长柳斌杰表示，中国新闻出版产业已经成为文化产业主力军，大约占 60%。

STATA 等工具，实证研究投融资体制变迁与出版传媒集团投融资效率之间的关系。

4.通过制度设计，研究提出我国新闻出版投融资体制改革与出版传媒集团投融资发展的政策建议。

二、研究框架结构与逻辑设置

（一）研究框架结构

1.基础与规范研究

（1）关键概念理论梳理及界定：体制、投融资体制、出版传媒集团形成历程及分类、效率与投融资效率；

（2）相关理论基础：制度变迁理论、企业集团理论、投融资理论；

（3）国内外体制变迁与出版传媒集团投融资效率研究文献综述。

2.现状分析

（1）宏观制度演化：新闻出版投融资制度演化；

（2）中观体制变迁：新闻出版投融资体制改革脉络分析；

（3）微观运行机制：面向集团发展的新闻出版投融资体制改革路径。

3.实证研究

（1）出版传媒集团投融资效率体制变迁作用机理：问卷调查与结构方程拟合；

（2）经验数据验证：上市出版传媒集团投融资效率评价与关系实证。

4.制度/体制研究

（1）宏观制度安排：制度驱动与监管创新；

（2）中观体制改革：国外经验与投融资体系确立路径；

（3）微观集团投融资机制运行：规模效益提升与股权改革。

(二)研究逻辑、思路与技术路线

本研究通过“基础与规范研究→现状分析→实证研究→制度(体制)研究”的框架设计,实现本研究的核心起点及落点:厘清体制(核心是制度与机制)与政府、市场、企业(出版传媒集团)三大主体之间的互动关系,并由此建构一个闭循环研究逻辑结构。

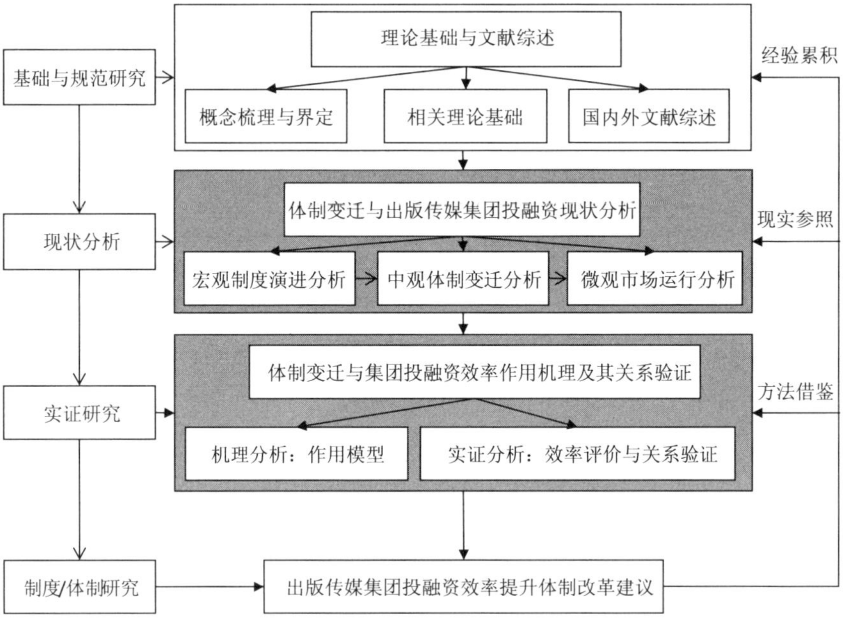

图 1-3 研究思路与技术路线

第四节 研究的主要创新点

一、理论:多理论对接与逻辑安排、框架塑定

首先,研究实现了多理论交叉融合,从理论上厘清体制与制度、机制的关系,并由此形成宏观(制度)、中观(体制)、微观(机制)的体制变迁的

分析切入路径,从而将制度变迁理论、企业集团理论、投融资理论、效率理论、产业组织理论等进行有机的融合,实现多理论的对接和交叉,为研究的深度和广度拓展夯实基础。

其次,在跨学科、多理论研究基础上,借助产业组织理论SCP(结构—行为—绩效),研究实现了体制变迁、出版传媒集团主体与投融资行为、投融资绩效/效率研究的内生脉络和制度、投融资效率等相关理论的有序梳理和逻辑安排。

最后,本研究尽力为新闻出版产业中“转企改制”“体制改革”“出版传媒集团投融资”等相对抽象但又至关重要的产业议题构建一个相对完善的量化研究框架。

二、实践:新闻出版投融资体制改制中多主体关系理顺与效率实证

研究实证厘清了政府(管理主体)、市场(服务主体)、企业(运行主体)三大主体在投融资结构层面的互动关系,并借助问卷调查、模型推导和经验数据研究等方法,论证了“转企改制”在新闻出版投融资体制改革与出版传媒集团投融资效率提升层面获得的成果。

三、制度设计:体制改革与出版传媒集团投融资发展多维度制度设计

从政府管理、市场服务、企业(出版传媒集团)运行及宏观的制度安排、中观的体制改革和微观的出版传媒集团投融资机制优化等多维角度,研究设计并提出了面向出版传媒集团新闻出版投融资体制制度安排与体制改革的政策建议,从而为政府、市场及企业相关职能和定位的进一步发展提供现实参照和经验积累。

第二章 理论基础与国内外研究综述

第一节 关键概念理论梳理及界定

一、体制与体制变迁概念厘清：制度、体制与机制关系之辨

早在1995年，我国学者杨彬就提出“中国社会学重建15年来，人们之所以对社会体制问题不能进行充分深入研究，其中一个很重要的原因就是对社会体制和社会制度的联系、区别及各自的运作机理缺乏理性的思考”。[14] 赵理文（2009）则认为，党的十一届三中全会前，在社会主义建设中犯“左”的错误，一个很重要的原因就是在理论上将社会主义基本制度与其具体体制混同；十一届三中全会后，我国改革开放新局面出现主要是得益于将社会主义基本制度与其具体体制和运行机制在理论上区分开来；厘清制度、体制、机制三者之间的关系对我国改革开放具有重要的方法论意义。[15] 时至今日，我们仍然认为，制度与体制的含混不清仍是困扰社会学、经济学、管理学及新闻传播学等诸多学科相关研究的根本性问题。因此，制度与体制的关系之辨也成了本研究的核心逻辑起点。

“体制”是我国政府与学界常用的一个特有词语。长期以来，对其研究最容易出现的问题：一是习惯性地把体制和制度混淆使用，这是最常见的；二是体制在宏观还是微观的性质归属上不明晰，即到底是属于政府制度设计层面，还是属于企事业单位运行层面。

学者周冰(2013)认为，严格区分体制与制度两个概念，是转型经济学发展的需要，既能为认识和分析体制的内部结构打开大门，也有利于制度变迁理论研究的进一步深化。[16]他认为，我国提出“体制”一词是为了将改革的对象和社会主义制度加以区分。“体制”这一概念的实质就是界定改革的性质或者合法性以及对象范围。周冰据此对体制的来源做了详细的考究：(1)19世纪40年代，马克思关于生产关系等经济理论为其产生奠定了基础。在马克思的著作中，在生产关系和制度两个平行使用的概念的发现基础上，周冰推断，生产关系是制度的经济内容，制度是生产关系的法律规定。(2)20世纪60—70年代，波兰经济学家弗·布鲁斯(Virlyn W.Bruse)的分权经济模式理论对其产生直接影响。布鲁斯以社会主义经济决策过程中国家宏观经济决策、企业经济活动决策和家庭或个人经济活动三个层次为依据，将社会主义经济运行模式先后进行了“二分法：集权与分权”“三分法：集权、分权与市场社会主义”“四分法：集权、分权、市场社会主义和军事共产主义”。[17]周冰认为，布鲁斯虽然没有使用体制这一概念，但是他的分权模式告诉我们：社会主义制度坚不可摧，但其经济运行模式却可多样化，是可以选择的。由于制度与制度规制下经济运行模式的差异性，实际上，他已经区分了体制、模式和制度三个概念。(3)20世纪80年代至今，比较经济学的发展与我国改革开放的现实成为其理论区分与实践形成的推动力。一方面，比较经济学在中国理论传播领域具有先导地位的理论区分作用。以社会主义和资本主义两种制度对立为研究对象的比较经济学，自20世纪60年代起逐渐将其研究中心从“对立的主义研究”转向了“以资源配置为主导的经济运行系统研究”，并在同世纪的80年代传入中国，从“主义”转向“运行系统”研究，实则是实现了从对抗性制度研究转向相同性经济实际运行的模式研究，从而对制度及制度下经济运行体制进行了理论区分。另一方面，20世纪70年代末80年代初，我国改革开放成为其发展的实践推动力。自1978年改革开放以来，我国实质上是在坚持社会主义制度的前提下，实行经济运行模式大转型，即从计划经济逐步走向市场经济，由此带来了一系列运行系统的裂变和细化，出现政治体制改革、经济体制改革、文化教育体制改革等。周冰站在经济理论及其发展的视角上区分了制度与制度下不断细化、多样化呈现的经济运行模式的差异，他的上述理论发掘为后续相关理论研究奠定了扎实的基础，也让后续研究者比较清晰地感知在“主义”根本制度不变的情形下，经济、社会等领域系统运行状态、方式、模式必须不断细化、裂变和创新，从而也使我们更加具体地理解体制的内涵。

因此，对体制的把握主要是建立在其与制度的关系（联系与区别）确立上。

（一）等同论：“体制＝制度”

在古典词源中，“体制”原是指诗文体裁或风格。在一些近现代汉语词典中把它引申并解释为“国家机关、企业、事业单位的组织制度（《现代汉语词典》，1983）”“规定组织的机构和运行的纲领（《辞源》，1988）”“国家机关、企业和事业单位机构设置和管理权限划分的制度（《新华词典》，1988）”等（孙绵涛，2009），[18]这些词典的注释基本上把体制等同于制度。马维野（1997）认同《辞海》对“体制”的界定，体制在本质上是体系、制度、方法、形式中的某一方面或其中某几个方面的组合，亦即体系、制度、方法、形式是定义体制的邻近属概念。孙绵涛（2009）则认为这一界定有两大问题：一是界定落点过窄。这种对（社会）体制的看法好像不是关于社会体制本身，而是针对社会管理体制而言，如机构设置、领导隶属关系和管理权限等问题基本上都属于管理方面的问题。二是包含要素范围过宽。体制成了无所不包的东西了。[18]

王孝哲(1995)认为,社会体制是社会制度系统中不可缺少的组成部分。一种社会体制,乃是针对社会一定领域或方面的各项具体制度的总和;二者的关系是决定与服务的关系,往往同步变化。[19]

李友梅(2008)认为,社会体制是围绕公共产品配置而进行的一系列制度安排,它是实现社会理想目标的一种制度方式,其结构和运行逻辑应与社会的理想目标相适应,或者说是不同利益主体之间交往和协商的制度,从而推动公共产品的公平分配与各方基本的利益满足。[20]

在国外,通常是制度和体制混在一起说的。日本学者横山宁夫(1983)认为,社会体制不是通过政治性原则统一起来的国家,而是以体制原则为中心统一起来的历史性制度的联系。[21]

20 世纪 90 年代,比较经济体制研究“历史比较制度分析(Historical and Comparative Institutional Analysis,简称 HCIA)”代表性人物日本学者青木昌彦等(1996)认为,(经济)体制是各种制度的集合。[22]格雷戈里和斯图尔特(1998)在比较经济体制研究中也把经济体制界定为是在特定地理区域内进行决策并执行有关生产、收入和消费决策的一组机制和制度,其具备四大属性或特征:(1)决策的组织;(2)提供信息及调节的机制——市场和计划;(3)财产所有权——控制与收入;(4)确立目标及诱导人们行动的激励机制。[23]

上述学者把体制看成“制度的综合”“制度的总和”“制度安排”“制度的集合”等,其本质就是把体制看成制度,将二者等同视之,而这显然是对体制的内涵与外延的思维窄化。

(二)“等同论”的修正与拓展:明晰了体制的内涵与外延

孙绵涛(2009)认为,体制等同于制度虽然只抓住了体制中一个关键性要素,却忽视了另一个与之有直接作用的要素——机构要素。他进而指出,体制是社会机构(机构/组织要素)和社会规范(制度要素)两个基本要素所组成的结合体或统一体：一方面，它包括了社会活动过程中的机构实施体制和管理体制；另一方面，它包括社会活动领域中的政治体制、经济体制、文化教育体制和其他社会体制，[18]具体要素及系统机构如图2-1。体制与制度的关联在于体制离不开制度，制度离不开体制；制度是体制的一个因素，而且是体制的关键性因素。

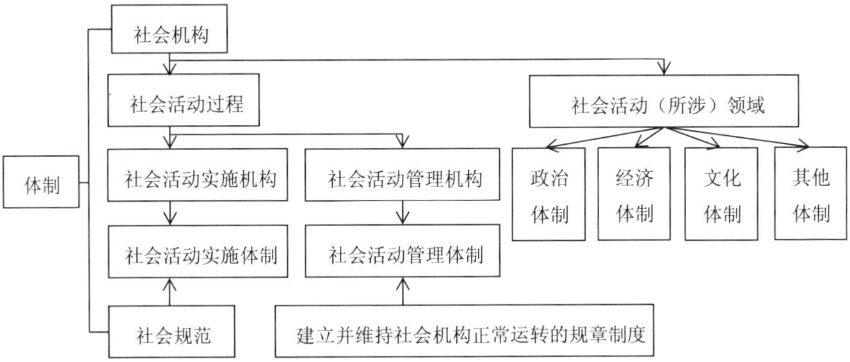

图 2-1 体制要素及系统结构

资料来源：孙绵涛.体制论[J].南阳师范学院学报(社会科学版)，2009(2)：1-12.(依据原文做了一定整合。)

鲍去病(1994)也认为，体制主要是由组织结构(格局)及其运行规则(制度)构成的。经济体制的要素内涵主要包括组织结构、产权制度、资源配置方式和经济运行的动力四大块。[24]

周冰(2013)认为，体制可以作为制度的集合概念，但它涵盖的范围大于制度，还包含着制度以外的组织、行为主体和机制等内容。[16]

应该说，“等同论”的修正与拓展比较清晰地解答了体制的内涵及外延，但是缺点是没有解释清楚体制与制度的关系。

（三）派生关系论：内容与形式的双重关系

王孝哲(1995)认为社会制度由基本制度和非基本的具体制度构成。在社会制度系统中，基本制度是首先构成要素、基础和核心，并占据绝对的支配地位；它与社会体制的关系是决定与服务的关系，二者往往同步变化；社会体制实质上是社会基本制度的具体化表现方式和实现方式；一定领域或方面的所有具体制度的总和就构成了该领域或方面的社会体制。[19]王孝哲的研究存在的主要问题是并未很清晰地阐述社会制度系统中基本制度与具体制度之间的关系；同时他把社会体制看作是一定领域的具体制度的总和，实质上又把体制和制度画了等号。

杨彬(1995)认为在西方社会学家的眼中，社会体制是具有一定基本制度的理念的目标。他进而将社会的基本制度与其他制度分为“形式的制度”和“现实的制度”，并认为社会体制作为社会运行支撑要素之一是属于“现实的制度”。社会体制的主要规则都是由社会制度派生和决定的，体制必须服务于基本的社会制度。社会制度规定和体现的是国家政权的基本性质，而社会体制作用于全体社会公民，所规定的是社会具体运行过程中的操作方法、控制程序、规则体系，是社会各种具体制度的综合。因此，社会体制也是一种制度，只不过不是那种政治性制度，而是一种协调社会各领域、各系统，并使其能有效运行的规则系统。[25]

出版制度是我国出版体制的基础和基本形式。体制改革的过程实质上是出版制度创新与变迁的过程。出版制度是一个多层次的体系结构，包括宪法、一般法、出版法、出版规则与条例、出版政策等正式制度，以及出版理念、出版文化、出版精神等非正式出版制度。宪法和一般法也可看作是出版制度的环境，因为它们规定了出版的内容审查制度，我们称之为内容制度。产权制度与内容制度是我国出版制度体系的两大基本元素(尹章池，2005)。[26]

司晴川(2014)认为，体制是我国在改革开放进程中对马克思主义理论创新的成果。制度和体制在西方政治、经济研究中没有多大区别，在我国，制度概念偏向于基本属性，而体制概念则偏向于实现方式，二者的关系是体制是制度的表现形式；而体制与机制的关系是机制是体制建构的指导原则，体制是机制发挥作用的载体。[27]

由上可见，派生论实质上仍把体制和制度等同视之。周冰(2013)也指出，制度与体制的内容与形式双重关系论虽然适应了改革启动时期的需要，但是却存在严重理论逻辑缺陷和对实践的负面影响。一方面，从理论逻辑来看，内容和形式是相对的概念，具有状态依存的性质，作为表现形式和实现方式的体制与基本制度之间的界限是无法完全确定的；另一方面，在实践中，任何一项制度安排，只要在社会经济生活中发挥着实际的作用，就不是一种抽象的原则和理念，也必然就是一项具体的制度。随着改革的推进，越来越多的制度安排就会被纳入体制的范畴，而基本制度的边界则会被不断压缩，最终会完全消失。因此，派生论的结局就是让经济制度变成一个空洞抽象而没有实际内容的概念。[16]

(四)中观归属论：制度与机制之间的"中域"

李松林(2014)认为，体制是一种用以描述宏观层面关系结构和相关主体间关系结构的概念，它是制度的一种特殊形式。[28]而杨彬(1995)认为，社会制度属于政治概念，社会体制则属于技术概念，是属于"社会中性领域"①。[25]徐永祥(2005)认为，社会体制也称为社会管理体制，是一个区别于政府、市场的第三部门或第三域的概念，包含了政府社会职能、社会政策、社会治理、社会保障、社会福利、社会服务、非政府组织、非营利组织以及国家与社会关系等基本要素，本质上体现的是政府与社会的关系架构。[29]这实质上说明了体制就是一个中观概念。孔伟艳(2010)认为，制度分为根本制度和具体制度，其中根本制度属于宏观层次，而具体制度属于微观层次；体制则属于制度的中观层次，侧重于表述"制度系统"，包括

① 何关银认为，社会有机体的各方面事实上都广泛存在一个超越具体社会性质的社会中性领域。它是社会过程中在时间或空间上有普遍或持久存在价值的社会生活过程与现象。社会中性领域有两个特征：一是本身并无特定的性质；二是社会中性领域的变化与社会性质和阶级盛衰荣辱的变化不同步。社会制度变了，占统治地位的阶级变了，社会中性领域并不同步变化。资料来源：何关银.社会中性领域之我见[J].探索，1988(5)：41-43，47.

格局和规则两层含义；机制则属于较为微观层次的制度。制度、体制与机制的决定与从属关系逻辑是：制度决定体制，体制决定机制；因此，制度属于"关系"范畴，体制属于"过程"范畴，而机制则属于"运行"范畴。[30]

由上可见，将体制归属于中观层面有着较强的说服力；同时，本研究认为体制的中观地位更是体现在它介于制度与机制之间的调节与中介传导作用上，即它既包括一定的（政府）制度的宏观功能，也包括一定的（企业）机制的微观功能，并通过微观层面的机制运行，感知与反馈至宏观层面的制度，进而引发制度的调整与变迁。由此，学者孙绵涛（2009）对制度与体制的关系判断还是比较精准的：二者紧密相连，体制是制度的基础，制度是体制的核心。体制主要包括两个要素：一是作为载体的机构；二是作为核心的制度，要实现体制创新必然要通过机构改革和制度创新来完成。[31]

（五）系统论：社会组织或系统的静态结构

从系统角度来研究体制，它主要是源于英文"system"这个词，该词可以理解成"体制""制度""体系"和"系统"等。柯武钢、史漫飞（2000）认为，系统是一个由多重相互作用的要素构成的结构。制度服务于其目标，并不是靠某项规则单独得到遵守，而是靠其形成相互支持的规制/制度群，并以此形成一个系统，从而影响实际世界的现象系统，这一系统又可分为人造系统和自组织系统。[32]马维野（1997）从系统科学的视角认为，体制承载者都是某一特定的系统。体制就是某些特殊系统的静态结构："特殊"是指体制为政府、企事业单位等系统所特有；"静态结构"是指系统构成要素及诸要素间的组合秩序。他认为，体制和机制一起决定了系统的静态构成与动态构成，分别为系统的"硬件"与"软件"，二者相互作用推动系统的优化和目的实现。[33]孙绵涛（2009）也提出，可以把体制当作一种组织或社会系统，这样做的价值在于：(1)理论上，可以从新视角丰富和发展组织理论或系统理论。(2)实践上，为体制改革提供思路，一方面，是机构和规范两大基本要素的改革；另一方面，是社会运行过程两大子体制的改革或社会各领域子体制的改革。[18] 金东日（2012）认为，体制是规定社会组织或领域的基本运行方式和性质的概念，在将某一对象当作整体且同环境密切相关时，它同系统一词没有什么区别；二者最根本的区别是，体制一词只适用于社会组织或领域。[34]

系统论的观点及其论述框架是建立在要素、结构、环境等三个要素基础上的，而且更倾向分析其中的结构形态。它的优势就是和“等同论”的修正研究一样，比较清楚地分析了体制的内涵、外延和结构，但因其是在“system”框架下的论述，所以并未厘清制度、体制、机制三个要素之间的关系，特别是其中关于体制与机制之间的静、动结构形态之分还是值得商榷的。本研究认为，如果非要以静、动二元结构分析制度、体制、机制三者之间的关系及主呈现形态，那么应该是“制度：静态→体制：静、动态→机制：动态”。此外，如以系统论视角分析体制问题，研究还应该继续增加系统（体制）环境的论述与分析。

综上分析，本研究认为，体制主要是由制度层面的要素（制度环境与制度安排）、机构主体及其运行机制（管理主体：政府；运行主体：企业或企业集团；服务主体：市场如金融系统、中介组织等）构成，其关系如图 2-2 所示。

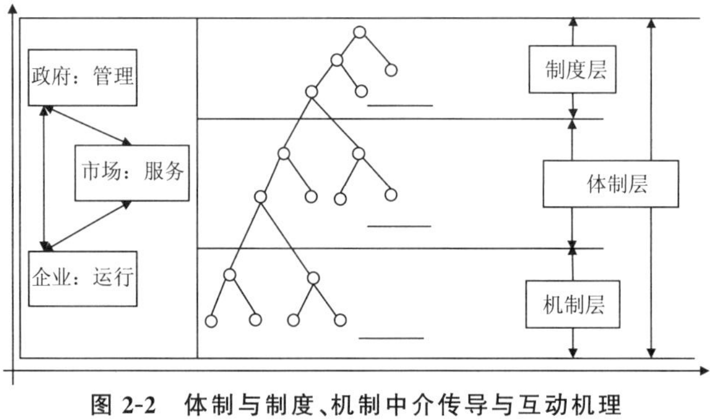

图 2-2　体制与制度、机制中介传导与互动机理

在体制的分析框架设定后，研究也就比较容易得到体制变迁的分析框架：(1)其核心分析原点是体制改革过程中的宏观制度变迁（包括制度环境与制度安排变化);(2)其实践或验证依托是政府管理、市场服务、企业或企业集团三大主体的微观实施机制。后续的研究将论证并提出,自2003年以来,我国新闻出版包括其投融资体制变迁的最根本特征就是以产权改革或股份制改造为核心的新闻出版业“转企改制”“体制改革”。因此,本研究中“体制变迁”和“体制改革”是等同使用的词语。

二、投融资体制:围绕三大主体的制度安排与机制运行体系构建

投融资指政府、企业、个人向国内外投资领域融通、投放资本或资金的行为(江宁,2013)。[35]

郑洪涛(2001)认为,投融资体制是国家或政府关于投资管理制度和投资活动运行机制的总称,主要包括宏观调控制度、组织体系设置、投资主体行为、资金筹措方式与途径、项目决策程序等。[36]但不知笔误还是其他原因,郑洪涛对投融资的界定只涉及了投资而忽视了融资,但是他的论文却是在论证投融资一体化的问题。

沈山州(2003)[37]也认为,投(融)资体制包含了投(融)资活动运行机制和管理制度,他进而从动态和静态二维视角分析了投(融)体制的构成:(1)动态视角,主要包括投(融)资主体、载体、对象和目的四大要素;(2)静态视角,主要包括决策主体的层次和结构、投(融)资资源的产权关系以及资源的协调方式二大要素(刘俊霞,1998)。[38]沈山州的这种参照分类应该说比较有新意,美中不足的是他在研究时只是逐次分析了各个要素的内涵,并没有深挖分类的依据和逻辑,也没有进一步说清楚上述动静态要素之间的轮转循环及相互作用机理。

投资和融资的关系紧密:投资决定了融资;融资又制约着投资。从主导类型来看,投融资体制主要分为政府财政主导型、银行主导型、政策引导型和市场主导型(王书会,2007)。[39]

从中观的视角出发,本研究认为投融资体制主要包括宏观投融资管

理制度和微观市场投融资运行机制,围绕政府、市场、企业三大主体形成的制度安排与机制运行而展开论述。

三、出版传媒集团:形成历程及分类

出版传媒集团本质上是一种企业集团,而以经济联合为基本形式的企业集团在19世纪60年代就已在欧美等一些国家出现,其联合的方式主要有卡特尔(Cartel)、辛迪加(Syndicate)、托拉斯(Trust)和康采恩(Concern)四种,其中康采恩(Concern)最类似企业集团,它最早出现在20世纪20年代的法国,其实质就是一种企业经济联合。[40]我国企业集团的成长分为三个阶段,如表2-1所示。

出版集团是企业集团中的一种特殊形式,它具有企业集团的所有属性。[41]二者的区别在于出版集团的意识形态性和文化特性,出版集团的社会公共性或文化公益性也是二者最重要的区别之一。[40]

表2-1 体制改革与我国企业集团发展历程

发展阶段	起止时间	制度/体制驱动
萌芽与孕育期(横向联合)	1979—1987年	1980年,国务院颁布《国务院关于推动经济联合的暂行规定》。各地开始出现一些横向经济联合体,这是"企业集团"的雏形。1986年,国务院颁布《国务院关于进一步推动横向经济联合若干问题的规定》,提出要维护企业横向联合的自主权,于是在横向经济联合体中开始出现企业集团形式。
组建与发展期(产权联结)	1987—1997年	(1)政府正式大力引导组建。1987年,国务院先后发布了《关于大型工业联营企业在国家计划中实行单列的暂行规定》和《关于组建和发展企业集团的几点意见》,后者是国内关于发展企业集团的第一个专门性文件。(2)政府开始大力参与组建。1991年12月,国务院颁布《关于选择一批大型企业集团进行试点的请示》及随后的《试点企业集团审批办法》《乡镇企业组建和发展企业集团暂行办法》《关于国家试点企业集团登记管理实施办法(试行)》等一系列相关法规。(3)推动发展。1993年11月,党的十四届三中全会通过了《中共中央关于建立社会主义市场经济体制若干问题的决定》,提出要发展一批以公有制为主体、以"产权联结为纽带"的大型企业集团。1994年国务院颁布的《九十年代国家产业政策纲要》,提出要把企业集团发展作为我国企业组织在20世纪90年代的发展目标。

续表

发展阶段	起止时间	制度/体制驱动
快速推进期（资本联结）	1997 年至今	1997 年 4 月，国务院批准了国家计委、国家经贸委、国家体改委《关于深化大型企业集团试点工作意见》的通知，提出建立"以资本为主要纽带"母子公司体制的目标。由 1993 年的"产权联结"到 1997 年的"资本联结"，是企业集团作为市场运营主体形成的大进步和大发展。1999 年 9 月，党的"十五大"通过的《中共中央关于国有企业改革和发展若干重大问题的决定》，提出要着力培育大型企业和企业集团，推动其发展成为国民经济的支柱。

资料来源：根据部分网络公开资料整理而成，袁宁.企业集团成因研究——基于分工和专业化角度的分析[D].西安：西北大学，2003：82-85.

"中国出版集团研究课题组"（2001）研究认为，我国出版业集团建设节奏虽比企业集团要慢一些，但二者的建设步伐基本保持了一致。实质上，中国出版传媒集团建设是以前述企业集团建设的制度或体制改革为背景的，只是由于其意识形态和文化的特殊性，所以稍微迟缓一点，具体如表 2-2。

表 2-2　中国出版业集团发展历程

发展阶段		案例及代表性集团	主要特点
自主联合阶段：自发经济联合型（1990 年以前）		1986 年，"十六省市出版社发行联合体" 成立，16 家出版社参与；1988 年，花城出版社、江苏文艺出版社、安徽文艺出版社等 11 家单位成立了"地方文艺出版社联合发行集团"；1989 年，华东六省一市新华书店联合成立了"华东省级新华书店发行集团"。	（1）出版企业间自发发生联结。 （2）是以产品销售为桥梁的较为松散的经济联合组织。
政府主导建设阶段（1991—2008 年）	地方政府主导建设阶段：地方型出版集团（1991—1995 年）	1992 年，新闻出版署提出加强出版行业中出版印刷发行企业的联合。此后，各省出版总社经地方政府批准纷纷成立了出版集团，如山东出版（集团）总社、四川出版集团、江西出版集团公司、广州新华书店企业集团、辽宁出版集团总社等。	（1）由地方政府批准组建。 （2）主体以行政隶属关系而非产权关系联结。
	中央政府批准主导建设阶段：以资产为纽带的母子公司型集团（1996—2008 年）	1996 年 2 月，大陆首家报业集团《广州日报》获批成立。2003 年，中共中央办公厅发布了《关于深化新闻出版广播影视业改革的若干意见》，提出要积极推进集团化建设，组建若干大型报业集团、出版集团、发行集团等。在随后的几年发展中出版业逐渐形成了三类集团：（1）以图书出版为主的出版集团；（2）以发行为主的发行集团；（3）以报刊为主的报刊集团。	（1）组建手段仍主要借助行政手段，但资本纽带及集团的资本运营受到推崇。 （2）集团管理及组合模式是母子公司形式。

续表

发展阶段	案例及代表性集团	主要特点
面向市场资本运作阶段:集团的“转企改制”与迅速做大(2008 年至今)	2008 年 6 月,新闻出版总署推出出版企业三年内必须完成“转企改制”的目标。此后,两类集团得到快速发展:(1)以资本为纽带形成的股份联合体,此类以集团上市最为典型。(2)“有实无名”的集团化发展的出版社。比如北京青年报社、外研社、《读者》期刊社等,虽未获批集团称号,但其已完全是集团化运营了。2012 年,国家新闻出版总署发布了《关于加快出版传媒集团改革发展的指导意见》,正式使用“出版传媒集团”这一称呼,这也是国内第一个以发展出版传媒集团为专门对象的文件。目前,我国出版传媒集团增长至 120 余家。	(1)以资本为纽带、以市场为导向,形成股份联合体或集团。(2)借助资本运作,凤凰出版传媒集团等一批集团快速发展壮大,甚至跃升为世界级大型出版传媒集团。

资料来源:[1]中国出版科学研究所“中国出版集团研究课题组”. 中国出版集团研究[J].出版发行研究,2001(1):5-16.[2]蒋丽君.中国出版集团的整合模式[D].北京:对外经济贸易大学,2003:9-10.[3] 朱华.出版集团化现象研究[D].郑州:郑州大学,2005:17-18.

由上梳理可见,我国出版传媒集团的发展是以整个国家企业集团建设战略及制度驱动为背景的,并和后者基本保持了在组建、管理和运营上的一致性。由于出版集团自身的文化及意识形态的特殊性,其组建过程主要是以政府主导、行政结合为主,特别是前期地方政府的粗放式新建,给今天这些集团相互割据埋下了伏笔,并对跨区域、跨行业、跨媒体、跨体制、跨部门的重组、并购等市场投融资行为及完全竞争市场建设形成了体制障碍和现实阻挡。

本研究按照业务主体的不同,将出版传媒集团分为五类:(1)书刊出版社主体型集团;(2)新闻报业、网络等传媒主体型集团;(3)出版发行企业主体型集团;(4)技术公司主体型集团 ;(5)综合型集团。

四、效率与投融资效率

效率一直都是国内外经济学研究中的一个核心关注点。经济学中效率的内涵主要有以下几种:(1)生产领域的“劳动时间”分配与节约。马克思将效率归结为对“劳动时间”的节约，主要是通过对“劳动时间”的按比例合理分配与节约使用来实现。[42] (2)生产领域与分配领域的“资源配置优化效率理论”。“帕累托效率理论”是新古典经济学最突出的理论贡献，但是它的实现前提或充要条件则是企业必须处于完全竞争的市场环境中，因其可以满足帕累托效率的三个条件：一是交换中的帕累托条件，即任何产品的边际替代率相等；二是生产中的帕累托条件，即任何要素的边际技术替代率相等；三是生产与交换同时满足的帕累托条件，即边际转换率相等。[43] 以“帕累托效率理论”为代表的新古典经济学效率理论的最大问题就是把企业视为“黑箱”，认为企业是根据“生产－成本”函数进行生产并实现利润的最大化，这种观念从根本上否定了企业内部出现低效率的可能，并使经济学局限于仅关注外部市场的配置效率而忽视企业内部效率或生产效率问题。[44] (3)新制度经济学的“动态效率理论”。为改进新古典经济学效率理论的不足，莱宾斯坦(Lebeistein)[45] (1966)提出了“X 非效率理论”。“X 非效率理论”主要关注到了企业内外部的两种非效率经济现象：一是企业内部的“黑箱”现象，即员工的惰性、劳动合同的不完整性、生产函数的不精确性等企业内部非效率配置现象；另一种是企业外部的市场垄断现象，即企业不存在在市场机制下实现利润极大化的现象，但由于其自身的理论抽象与研究方法的限制，使得其未能成为主流经济学的一个分支。[46] 和莱宾斯坦以修改经济人的偏好来解释效率差异不同的是，新制度经济学引入了产权、交易费用等“外在约束条件”对新古典经济学效率理论的缺陷进行修正。配置效率是一个静态效率概念，而适应性效率则是一个动态效率概念。配置效率是在一套既定制度下的静态概念；而经济良性运行的关键则是需要灵活的制度机制，它能够根据技术发展、人口变化以及制度震荡等来进行动态调整。[47] (4)微观经济学中“投入/产出效率理论”。这一观点在我国很有市场，比如学者毕泗锋(2008)认为，效率就是投入与产出的对比关系，是成本最小和收益最大原则，它反映了在经济学两大前提假设(资源稀缺性和经济人)下人们最优化决策的要求。[48]

许珺(2013)也认为,效率总是针对某项投资活动而言的,它具体地反映了某项企业投融资活动的投入与产出的比例关系,即投融资效率可以定义为企业投融资活动的投入与产出的比例。[49]王娟(2013)也提出了相同见解,认为投资行为本身就是一个生产过程,在这个生产过程中,投入为资金,而产出则为企业的利润等经营结果,因此可以从“投入－产出”来衡量上市公司的投资效率。[50]在文献整理过程中发现,由于受投资和融资理论研究长期分裂的影响,国内外对投融资效率一体化的研究还是比较少的(后文将详细论述)。学者陈敏(2006)认为,由于投资和融资的互生关系,融资效率和投资效率是不能割裂的,企业投融资效率是指企业投融资活动形成的交易与资源配置状态。[42]

结合上面的分析,本研究选择运用“投入－产出”模式来衡量投融资效率,并认为投资实际就是投入,融资就是基于投入的产出,两者有着内在的一致性。

第二节　相关理论基础与适用性分析

一、制度变迁理论:生成与路径依赖

(一)制度变迁:制度生成路径与元制度

20世纪70年代以来,制度研究主要沿着以下三条线索发展:一是对交易费用和科斯定理的研究;二是对产权、契约、企业和国家等特殊制度的研究;三是对制度变迁和制度创新的研究(杨静光,2013)。[51]新制度经济学在许多方面增加了对现实问题的解释力,对制度结构和经济行为的相互关系提供了一个总体上很严密的解释。[52]产权、交易费用理论实际上提出了一种不同于传统主流经济学的新范式。张五常将其概念扩展为

制度费用。[53]

从制度的生成来看，其主要有两种方式：自发演化与人为设计（张仁德，王昭凤，2005）。[54]前者是以亚当·斯密—门格尔的“演化生成论”为代表，认为制度生成是社会个体在社会交往中相互间博弈而逐渐形成的用于约束彼此行为的共同规则或规范，是自然演化的结果；后者是以康芒斯的“制度是集体行动控制个体行动”制度设计论为代表，认为由于人的有限理性和信息不对称等因素限制，制度生成很难自然演化，而是要在人们长期多重博弈中有意设计而成（吴凡，谷玉安，2006）。[55]

柯武钢和史漫飞（2000）将这两种生成路径归结为内在制度和外在制度。内在制度主要包括非正式的（即未得到权威的、正式的机构支持）各种习惯、内化制度与习俗和礼貌，以及正式的第三方强制执行；外在制度包括正式的禁令性规则（如民法、商法和刑法）、专门指令和程序性规则或元规则；其中，制度的内在性与外在性和制度的起源有关，而正式性与非正式性和制度的惩罚方式是自发还是有组织的发生有关。需要指出的是，柯武钢等在其论著中强调规则和制度能等同使用。无论哪种方式，都有最初的和最基本的制度起点，这就是“元制度”。

1.宪政经济学“元制度”：生成制度的制度

西方宪政经济学的创始人、公共选择学派代表性人物詹姆斯·M.布坎南（James M. Buchanan）提出了“元制度”。宪政经济学的勃兴缘于对福利经济学和凯恩斯主义的对政府有能力对“市场失灵”进行干预的反思，以及对经济学家和政治学家关于公共部门研究融合的新理论——新政治经济学的复兴，它关注的是集体决策中的立宪前后两个阶段：前者是选择宪政规则；后者是选择与实施具体规则。这里的宪政是指一系列“预先达成的规则”，在制度中属于生成制度的制度、规则的规则，即“元制度”或元规则；而元规则实现的手段就是一致同意原则，集体政策中的一致同意原则类似于市场个人决策中的帕累托准则（吴盛光，2007）。[56]因此，布坎南的宪政经济学及其“元制度”通过立宪和立法对政府经济行为进行根本性约束，以解决“市场失灵”过程中的“政府失灵”问题（王箭，王俊，2014）。[57]

2.比较制度分析理论“元制度”：基本制度的一般形态

20 世纪 90 年代，随着世界经济一体化的不断发展，许多国家经济发展由计划经济转向市场经济，国际学术界比较经济体制研究“历史比较制度分析”（Historical and Comparative Institutional Analysis，简称 HCIA）作为一种全新的制度经济理论与研究范式应运而生。韩毅（2002）认为，HCIA 的研究创新主要使用了新制度经济学、进化博弈论、历史经济归纳分析等研究方法，探索不同经济体制差异性的根源及其内在结构，并着重分析经济体制的构成要素及其相互依存关系。作为 HCIA 研究的代表性人物，日本学者青木昌彦、奥野正宽（1996）认为，制度具有稳定性（历史制度的路径依赖）、可变性、多样性与战略互补性。他们对制度的研究力求突破以往将制度视为经济体制固有要素的静态研究模式，而转向对制度的生成、变化进行动态的分析，并列举三类制度类型：基础性文化与制度（文化被视为经济社会的价值观，与制度并列规定经济社会结构的各种要素）、强制性法律制度、自身制度或自我约束制度（self-enforcing institution）。[22]

青木昌彦（2001）认为，“元制度”是反映产权规则、自我实施合同、第三方合同实施、组织规范以及国家等基本制度的某些重要方面；它在市场经济的原始状态下出现，支配参与人的策略互动，是基本制度的一般形态；它包括习惯性产权规则和社区规范两种基本类型，而这两类“元制度”可以作为基础性社会建构以管制共用资源域存在的外部非经济性的基本逻辑；他还认为，经济是一种复杂的制度安排，当代经济的制度安排就是从较为自发和潜在的形态（如习俗性产权、规范、惯例）到较为复杂和精细的设置（如合同、组织结构和国家），整体性制度安排可以看作是一些“元制度”复杂而又内在一致的联结。[58] 从青木昌彦“元制度”形成路径及类型可以看出，他的“元制度”是属于自发演化而非人为设计，而且其属于一个相对概念，对于任意两项具有时间顺序和因果联系的制度，作为后项制度产生前提或者基础的前项制度都可视为“元制度”（张仁德，王昭凤，2005）。[54]

3.制度经济学“元制度”：针对政府行政行为的程序性规则或元规则

正如前述，从制度的生成方式来看，柯武钢和史漫飞（2000）将制度分为内在制度和外在制度。他们认为，“元制度”的生成也主要有两个路径：一是自发演生，如某些“内在性元规则：宽容、幽默、言论自由”等在导致内在制度形成过程中起着重要作用（张仁德，王昭凤，2005）；[54]二是他们特别看重的人为设计产生外在制度之一——程序性规则或“元制度”（规则），这类制度是以保持外在规则系统或体系的内在协调为目标的，是政府机关在促进各政府主体间的内部协调上所必需的，它们在促使外在行为规则有效上具有极其重要的作用。[32]此外，柯武钢和史漫飞（2000）还给出了外在制度（规则）三个层次的层级结构：顶层的宪法（元规则）、中层的成文法和底层的政府条例，指出“元规则”是出于顶层首位的。[32]

上述三位学者都提出“元制度”，但是侧重点不同：布坎南突出它的根本性、重要性和一致同意原则，是生成制度的制度、规则的规则；青木昌彦强调它的简单性、原始性和一般性，是基本制度的一般形态；而柯武钢和史漫飞则强调它的程序性、外部性和协调性，是保持外在规则系统或体系的内在协调。因此，布坎南和柯武钢、史漫飞的“元制度”理论主要是针对政府制定行为的规制与协调，共同之处是都关注到了它对于后续制度的根源性和基础性作用，即看到了“元制度”与具体制度之间的从属关系和层级结构。

我国学者张旭昆（2002）也比较早地认识到制度的层级性：社会各项制度会形成一个完善的层级系统，其中最基本的制度就是基本制度；其他制度则由这些基本制度衍生而来，可称之为派生制度。基本制度常常是一些抽象原则，直接实施的可操作性不强；而派生制度往往包含了具体规定和实施措施，具有较强的可操作性；二者在制度系统结构中呈纵向树状排列，其中“树根”代表基础制度，“树干”和“树枝”代表派生制度。[59]张的研究只停留在制度视域，未将其引入体制研究视域。

梳理文献综述发现，王孝哲（1995）也把社会制度分为基本制度和非基本的具体制度，并点出基本制度在社会制度系统中的基础、核心与支配地位，而且他还详细阐述了基本制度、具体制度和社会体制的内容与表现形式的关系。[19]

周冰（2013）将“元制度”纳入体制的制度结构中进行研究。他认为，“元制度”是一个体制中最基本的制度，是一个体制或制度系统中对其他制度起决定性作用的制度，是其他制度的起源或存在的基础，是最基本、最本质和最初始的制度，并决定和派生出其他制度。他进一步分析了其在体制制度结构中的位置及作用：(1)制度核的形成。一组呈横向排列的“元制度”在一个体制内就构成了制度核，制度核决定着体制的性质、结构和特征。(2)制度链的延伸及独立功能模块。[60]

上述众多学者以“元制度”为基准的基本制度与具体制度的二维划分法，仍是源于对制度生成路径自发演化还是人为设计二元对立的割裂式看法，尤其是在经济社会发展至对制度人为设计倚重的当下，人们往往忽视了制度生成过程中人对制度的理解、认同和规范的自觉遵守，即自发演化的作用。学者杨瑞龙（1993）似乎意识到了这一点，并将制度类型分为三类：一是宪法秩序，它包括确立人们经济与社会活动的一整套政治、社会和法律的基本规则，是制定规则的规则，即前述“元制度”或基本制度；二是制度安排，实际上是在宪法秩序指导下，确定人们经济与社会活动的具体操作规则，即前述的具体制度；三是行为的伦理道德规范，它源于人们对现实（制度）的理解、认同与遵守（意识形态），并对宪法秩序和制度安排的合法性赋予至关重要。

道格拉斯·诺斯（Douglass C.North，1993）也认为意识形态的一致性可以代替规范性规则和实现交易费用的降低。这三类制度宪法秩序与行为的伦理道德规范属于制度创新的外生变量，而制度安排则属于内生变量。[61]斯科特(Scott,2008)也认识到了制度中除法律之外的道德、人的文化与认知的重要作用。他提出制度三要素“规制性要素、规范性要素和文化—认知要素”中后两者的合法性基础分别为道德支配和可理解、可认可的文化支持,实质上指出了人对制度的理解、认同和遵守的重要作用。[3]这和日本社会学家横山宁夫(1983)提出的社会控制/管理法则“最有效并持续不断的控制不是强制,而是触发个人内在的自发控制”理念也十分相近。[62]

(二)制度变迁:界定、供求分析框架与路径依赖

1.界定、制度变迁分析框架

1978 年,弗农·拉坦(Vernon W.Ruttan)对制度变迁给予较为完整的解释,“制度创新①或制度发展主要是:一种特定组织行为的变化;这一组织与其环境之间的相互关系的变化;支配行为及其相互作用关系规则的变化”。[63]

舒尔茨(Schultz,1968)认为制度定义为一种行为规则,这些规则涉及社会、政治及经济行为,主要包括四类:(1)用于降低交易费用的制度;(2)用于影响生产要素配置风险的制度;(3)用于提供收入流上个人与职能组织关系的制度;(4)用于确立生产与分配框架的制度。而引起制度变迁的原因主要是随着人的经济价值提高产生了对制度的新需求,一些政治和法律制度就是用以满足这些新需求所做的滞后调整。[64]诺斯和罗伯特(North & Robert,1971)指出,制度变迁是由人口对稀缺的资源赋予的压力增加所导致的。[65]戴维斯和诺斯(Davis & North,1971)认为引起制度环境变迁的三种可能性是:政治行动对宪法的修正、对司法解释的变迁、公民偏好的转变。[78]因此,诺斯(North)及其合作者对引发制度变迁需求(必要)条件的归结是建立在“成本—收益”框架上进行的,其缺点是

① 在新制度经济学诺斯、拉坦、林毅夫等学者的制度变迁理论里,制度变迁和制度创新是交替等同使用的。

忽视了其充要条件供给因素。

弗农·拉坦(Vernon W. Ruttan,1978)将制度和组织结合在一起,而不仅是从规则角度来考虑制度和制度变迁理论。他批评了舒尔茨、诺斯等学者对制度变迁供给理论的忽视,并从"需求—供给"框架来分析诱致性制度变迁动因:(1)对制度变迁需求转变:相对价格的变化及推动经济增长的技术创新所致;(2)对制度变迁供给转变:知识、法制、管理、服务等进步所致。[66]拉坦和速水佑次郎(Ruttan & Hayami,1984)对制度变迁供给特征做了进一步的描述:制度创新/变迁的供给肯定包含政界、企业家以及创新者的诸多政治手段的运用。

戴维·菲尼(Feeny,1988)在诺斯等前人的基础上,再次提出制度变迁供求理论,他认同诺斯对制度的"三分法":宪法秩序(生成规则的规则)、宪法安排(诺斯等提到法律、规章和合同等操作规则)、规范性行为准则(包括拉坦和速水佑次郎提到的文化背景、意识形态),并在其制度变迁的供求模型中将包括制度安排及其利用程度视为内生变量,把宪法秩序和规范性行为准则作为外生变量,[67]由此提出比较全面的制度变迁的供求分析框架,如表2-3表示:

表2-3 制度变迁的供求分析框架[68]

制度类别	宪法秩序、宪法安排、规范性行为准则
内生变量	制度安排及其利用程度
外生变量:对制度变迁的需求	相对产品和要素价格(包括人口变化)、宪法秩序、技术、市场规模
外生变量:对制度变迁的供给	宪法秩序、现存制度安排、制度设计的成本、现有知识积累、实施新安排的预期成本、规范性行为准则、公众态度(偏好)、上层决策者的预期净利益
动态顺序	变化途径/制度演变

林毅夫(1989)也认为,制度选择及制度变迁可以借助"需求—供给"经典理论框架进行分析。在借鉴西方经济学在信息、产权、交易费用、诱致性创新、家庭生产、公共选择、国家理论等理论的基础上,他分析了诱致

性与强迫性两种类型的制度变迁机理。[69]

由上可见，首先，新制度经济学中的制度变迁理论的动因（Why）分析是建立在“成本—收益”框架基础上的。其次，变迁内容（What）分析是建立在“需求—供给”框架基础上的，而制度变迁需求与供给关系的总和便形成制度市场，仅以制度供给者的数量为标准来划分制度市场的话，可分为三种类型：完全竞争的制度市场、寡头垄断的制度市场、完全垄断的制度市场。[70]最后，制度变迁方式（How）分析则是建立在“内生—外生”或“诱致—强迫①”框架基础上的。陆林等（2008）认为，导致制度变迁的来源主要有两类：一是内生性来源，即制度自身的衰退所引起的不适应性，导致制度激励作用下降，交易成本上升；二是外生性来源，即技术、市场、规制等外在因素的变化导致了价格变化，形成潜在利润，从而诱导了制度变迁。外生性变化有三种类型：技术变迁、市场容量变化、政府干预（政策）改变。[71]传媒研究者也认为，新时期传媒体制变革也包含了以传媒单位为主体的诱致性制度变迁和以政府为主导的强制性制度变迁两种模式，它是二者“共谋”的结果。[72]

2.制度变迁路径依赖

“路径依赖”概念最早是由保罗·大卫和布赖恩·亚瑟（Paul David & Brian Arthur）在20世纪80年代从技术变迁分析中提出的。到了90年代，诺斯提出了制度变迁中“路径依赖”（Path Dependence）概念，从而启

---

① 这种划分依赖于变迁是由一个（群）人的自发引起还是由政府法令强制推行。（1）诱致性制度变迁指的是制度的创新是由一群（个）人获得由制度不均衡导致的机会时，所自发倡导、组织和实行的制度变迁。其特点可概括为：①盈利性，即只有当制度变迁的预期收益大于预期成本时，有关创新群体才会推进制度变迁；②自发性。诱致性制度变迁是一种自下而上、从局部到整体的制度变迁过程，因而制度的转换、替代、扩散都需要时间，是一个缓慢的过程。（2）强制性变迁由政府命令和法律引入而实现。强制性制度变迁的主体是国家（或政府）。国家的基本功能是提供法律和秩序，并保护产权以换取税收，它的变迁速度相对较快。资料来源：百度百科.制度变迁理论[EB/OL].[2011-11-06]. http://wenku.baidu.com/view/83837ceee009581b6bd9ebcd.html.

动并引领了由技术变迁“路径依赖”转向制度变迁“路径依赖”的研究。诺斯认为，决定制度变迁轨迹的有两个因素：(1)报酬递增；(2)市场的完全程度。而影响报酬递增的四个要素分别是：①巨大的启动或固定成本；②学习效应，即对现行的制度的学习与适应；③协调效应，即与其他采取类似行动的经济主体的合作与协调；④适应性期望，即以制度为基础增加的因签约持久而降低了不确定性的适应性预期。[73]组织和制度共同作用决定制度变迁的方向，作为结果的制度变迁路径取决于：(1)由制度和从制度的激励结构中演化出来的资质之间的共生关系而产生的锁入(lock-in)效应；(2)由人类对机会集合变化的感知和反应所组成的回馈过程。[87]由此形成了三种形式的“诺斯路径依赖”：(1)正式制度形成制度惯性强化，适应性的自我强化造成制度依赖或路径依赖，从而形成制度惯性；(2)利益集团对传统制度的强化机制；(3)非正式制度维护传统的强化惯性。[74]20 世纪 90 年代中期，比较经济体制研究代表人物艾夫纳·格瑞夫(Avner Greif)和青木昌彦等使用博弈论方法对文化传统与制度变迁的路径依赖进行了历史比较制度分析。格瑞夫认为，文化传统是历史上前后两个制度连接的桥梁和纽带，并在历史多维制度选择中形成重要甚至是决定性的路径依赖。[75]国内一些学者也发现了我国投融资体制变迁路径依赖：“政府主导资源配置”“自上而下、权力导向的财政体制”(许莉，万春，2010)。[76]

从技术变迁的路径依赖到制度变迁的路径依赖，路径依赖作为一个概念是没有多大变化的，但内涵却有了较大拓展，使之更加复杂甚至包含了前者(技术变迁)。因此，汪洪涛(2009)认为，制度变迁一旦走上某一路径，它的既定方向会在发展中不断得到自我强化，很难扭转。因此，在制度设计时必须考虑到制度的路径(惯性)问题，政府主导的制度创新需从互补的方向上展开，方能受到社会的普遍欢迎。[77]

二、企业集团理论：母子公司型出版传媒集团形成

“企业集团”现象最初以垄断财团形式在 20 世纪初出现在欧美等一

些工业国家，但其名称最早为“二战”后的日本企业所使用，并在 20 世纪 80 年代初，伴随着改革开放的逐步深入，企业集团理论被引入到我国。[78] 其理论源头是现代企业理论奠基人罗纳德·哈里·科斯(Ronald H. Coase)1937 年在《企业的性质》一文中以交易费用成本视角提出，他认为市场和企业是组织劳动分工的两种方式，企业的存在原因是它对市场交易费用的节约；威廉姆森(Willianlson，1985) 则从不确定性、资产专用性和交易效率方面解读了市场交易费用的产生，并推动了企业理论的发展。和上述二者试着通过企业外部交易而忽略其内部生产及结构来解决企业“黑箱”问题不同的是，阿尔钦(Alchian)与德姆塞茨(Demsetz)的企业理论却突出了企业内部生产性，他们把企业界定为一种团队生产，这种生产模式是因为它借助了企业的专业化分工和规模经济而提高了效率。于东明等(2015)认为交易费用理论、分工与专业化理论、规模经济理论等对企业及企业集团产生的解读都是有缺陷的，他们试着从资源和核心价值观两个视角来构建一个企业集团扩张过程中的梭形理论。[79] 杨小凯和黄有光(Yang Xiaokai，Ng YewKwang，1999)则从产权经济事件角度分析了企业集团的产生，他们认为在“消费—生产者”框架上每次交易都伴随着产权丧失的风险，因而界定行使产权的交易费用是现实存在的。[80] 界定产权的交易成本会随合约中产权界定的程度单向递增，但对于产权主体而言，必须在“成本—收益”比对基础上来确定合理的产权模糊程度。吕源[81] 等(2005)从经济学、社会学和政治学三个角度对企业集团理论发展进行了较好的归纳(见表 2-4)。

国内关于企业集团组成模式的研究比较多地集中于母子公司模式上。学者黄咏梅(2008)认为，企业集团是以某个大企业为核心，以产权联结为纽带，并借助资本、技术等把多个成员企业联结形成以母子公司为主体的多法人联合体，其边界范围主要分为四层，具体见图 2-3 所示。[82]

表 2-4　三种视角的企业集团理论

	经济学(1):交易成本理论	经济学(2):资源理论	社会学视角	政治学视角
产生企业集团的外部因素	市场失效、契约执行制度以及其他支持市场交易的制度空缺	集团内部积累了不可交易或无法通过市场获得的关键资源	社会交换关系等支持企业之间通过类似集团这样的网络协调彼此的交易和发展	政府经济发展政策与对战略行业/企业的投入是集团形成和扩张的主因
集团的角色和定位	以内部市场替代失效的外部资源市场	使用剩余资源进入新产业	在企业间形成协调、合作、控制的机制	企业集团成为实现国家或者政府政治、经济目的的工具
集团的竞争优势	借助较低内部市场交易成本、规模经济和范围经济,提高各种专用或通用资源的利用效率	整合集团的各种资源优势、形成集团成员企业的资源共享	成员企业间的协作和分工比通过外部市场建立的经济关系更加稳定和有效	政府对集团的倾斜政策或者政策导向使集团获得"规制俘虏"①
研究重点	企业集团的内部资源分配和交易成本对集团绩效的影响	集团层面和成员企业之间的资源配置与集团绩效关联	内部成员企业之间的交换关系、与外部社会制度的互动等	政府对集团在资源和政策方面的供给与制约

资料来源:吕源,姚俊,蓝海林.企业集团的理论综述与探讨[J].南开管理评论,2005(8):29-35.

出版集团是多个出版企业的联合体(企业集团),一般都是母子公司的体制。[83]朱静雯(2002)曾把出版发行集团母子公司的管理与控制模式分为四种:资本控制型、行政控制型、参与控制型和平台控制型。[84]阳松谷(2008)认为,转企改制后我国出版集团大多形成母子公司制 。[85]母子

① 以施蒂格勒(Stig Ler)为代表的"规制俘虏理论"认为,政府只不过是利益集团(经济学中企业集团)追逐自身利益最大化的工具和手段。1976 年,佩尔兹曼(Peltzman)进一步指出,无论规制者是否获得利益,被规制产业的产量和价格并无多大差异,其主要差别只是收入在各利益集团之间的分配。1995 年,伯恩施坦(Bernstein)提出了"规制机构生命周期理论",他认为,公共利益理论是天真的,规制机构起初能独立运用规制权力,但逐渐被垄断企业所俘虏。由于"规制俘虏理论"的兴起和发展,20 世纪 70 年代以后,西方国家形成了放松管制的浪潮。但"规制俘虏理论"过度放大了政府规制的私利性而忽略了其公益性,导致了它在现实中的许多做法是不可行的。资料来源:唐溯.转型期中国出版资本市场研究[D].上海:上海理工大学,2010:8-9.

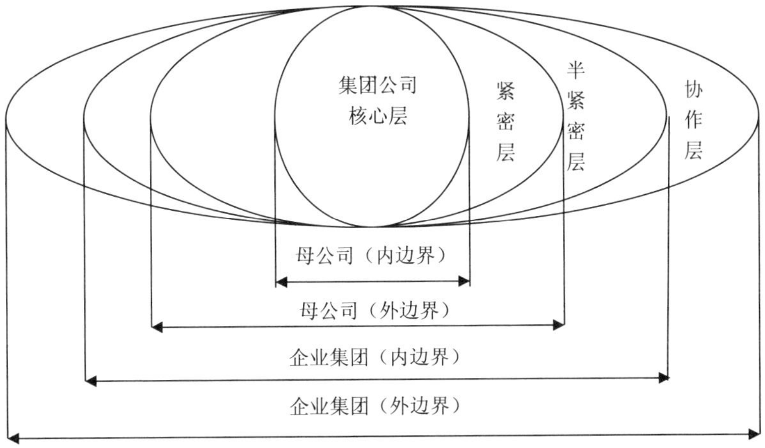

图 2-3 企业集团边界范围及分层

资料来源：黄咏梅.企业集团母公司与母合优势的形成[J].经济体制改革，2008(1)：85-89.

公司型出版传媒集团四种管控模式比较如表 2-5 所示。

表 2-5 母子公司型出版传媒集团四种管控模式比较

比较项	资本控制型	行政控制型	参与控制型	平台控制型
管理与组织复杂性	中等	最复杂	中等	简单
风险承担	子公司	母公司	母子公司分担	母公司
决策方式	股东会董事会	行政命令	股东会董事会	协商
决策过程	相对分权	集权	分权	相对分权
信息对称性	低	高	中等	中等
外部适应性	强	弱	较强	中等
适用规模	大	较大	中等	小
适用范围	适合采用多元化经营的综合集团（最常见形式）	适合采用集中经营的大规模、产业型集团	适合对技术与市场反应敏锐、捕捉快的集团	适合跨区、跨国营销网络铺设及专业产品销售的集团

资料来源：依据文献[84][85]整理而成(作者做了相应调整)。

三、投融资理论：投与融对立演化与一体化最终形成

国内外各种经济增长理论的研究无一例外都高度重视资本投融资在

经济增长中的作用，甚至有的经济学家认为，经济增长理论就是一种投融资理论。[86]

（一）理论起点：资本理论

人类对资本的认识是比较早的，大约在12—13世纪，资本就已经具有了“资金”“款项”等含义；到了14世纪，“资本”一词已被经济界所广泛使用，由此对资本的理论研究也逐渐成形。从学源上来看，资本理论绝对是投融资理论的起点，因为最早前古或古典经济学派的投资与资本是完全混同的。直至现在仍有学者认为，造成投资理论尚未体系化的根本原因是投资理论与其他经济理论（如资本理论）交织在一起，而没有把投资作为研究主题（侯一边，2002）。[87]

燕继荣（2006）梳理了人们对于资本及其投资的认知过程，揭示了资本积累的内容和投资（资本运营）的途径：物资资本—技术资本—人力资本—社会资本。[88]

虽然不同学派对于资本的理解观点各异，但是从中我们可以看出资本的两大主体形态：有形的资产与无形的产权。因此，方拥军等（2014）认为，资本运营就是以资本和产权为对象，通过资本市场和产权市场，运用兼并、收购、转让和产权置换以及资本市场融资等多种手段，进行投资扩张、资产重组、收缩退出等，以实现资本增值的最大化。[89]

学界对资本运营与投融资之间的关系一直含混不清。对二者关系认知比较早的陈万江等学者（2001）认为，现代融资的核心理念就是资本的经营。资本是一种特殊的商品，投融资实质就是资本的筹集、投放和使用过程。[90]黄奇帆（2001）认为，资本运作必须服从投融资的体系，生产经营和技术开发应该是一个系统或一个企业的全体成员都应该把握的事，而资本运作则是系统决策层、核心层运作的事情。[91]韩复岭（2013）认为，投资和融资是企业经营活动资本运营中不可或缺的环节。从企业的投融资战略及成长模式来看，它主要历经“产品运营—品牌运营—资本运营”三个阶段，而资本运营是投融资高级化形态或阶段。[92]

（二）投资理论：实物与金融

通过上述分析可见，投资理论起源于资本理论，并且，二者在很长一段时间内是混为一谈的。

投资、消费和出口是拉动经济增长的“三驾马车”，其对经济发展有着显著的带动作用。[93]国内外经济学对投资及其所形成的研究基本分为两类：产业投资（实业投资）和金融投资（证券投资），前者为直接投资，后者为间接投资。谷秀娟（2007）认为，投资是随着生产力和生产关系的发展而产生和发展的，先后经历了产业投资、证券投资和产业证券投资共存两个阶段。产业投资诞生于商品经济发展的初级阶段。人们为了购买生产资料、劳动对象和支付劳动者的工资而预付一定数额的货币，这样以货币为生产要素，从而将货币转化为生产资本，就产生了最早的产业投资。15世纪，随着商品经济的发展出现了证券投资；而真正意义上的股份投资是从17世纪的下半期开始的；到了18世纪初，股份投资主要集中于银行和交通部门。[94]

这种分类及研究发展体现了投资与经济、金融的深层次关系，而且其核心是投资和资本的关系，即投资资本转化为形态产业或者实物的有形资本以及金融或者证券等无形资本。

表 2-6　投资理论演进

时间	投资理论	代表性理论及贡献
18世纪中叶以前	古典经济学派投资理论	古典经济学的研究重点是分工理论、价值理论、生产理论和经济增长理论；[95]主要贡献：比较粗略地回答了谁是投资主体、投资方向、投资量的大小、投资选择等基本问题。[96]

续表

时间	投资理论		代表性理论及贡献
19世纪70年代以后	新古典主义边际投资理论		代表性理论：加速器投资理论、厂商投资行为理论；主要贡献：投资分析借用边际原则、数理方法。
	新古典主义投资理论延伸		托宾的Q投资理论：主要贡献是把企业与资本市场有机地结合起来，把投资价值问题的研究放置于资本市场均衡研究的框架体系内，[97]较好地解决了预期与资本调整的成本问题。[98]
20世纪30年代	凯恩斯主义宏观投资理论		收入决定理论与加速器原理：发现了投资的乘数和加速数效应，提出了如何通过引导需求来提升投资，以实现充分就业，确定了现代的宏观投资理论，并分析了总量投资不足的深层原因是源于经济人的三大心理法则："边际消费倾向递减""资本边际效率递减""流动偏好"。[99]
20世纪50年代	现代投资理论	实物投资理论	经济增长理论：(1)20世纪40年代末，"哈罗德—多马经济增长模型"(Harrod-Domar Model)(资本积累论)，奠定了现代投资理论的基本框架；[99](2)20世纪60年代中期，索洛(R. Solow)等提出"(外生知识—技术更新)外生经济增长模型"；(3)20世纪80年代中期，罗默(P. Romer)等提出了"(内生知识—技术更新)内生经济增长模型"。
			国际投资理论：(1)1960年海默(S.Hymer)的垄断优势理论；(2)1966年美国哈佛大学教授雷蒙德·弗农(R. Vernoon)的产品生命周期理论；(3)1976年英国学者巴克利(Peter J.Buckley)、卡森(Mark Casson)与加拿大学者拉格曼(A.M.Rugman)提出的内部化理论；(4)1977年英国经济学家约翰·邓宁(John Dunning)的国际生产折中理论；(5)1978年日本一桥大学教授小岛清(Kiyoshi Kojima)的比较优势理论(边际产业扩张论)；(6)20世纪80年代初约翰·邓宁(John Dunning)的国际直接投资发展阶段理论(是其国际生产折中理论的动态发展)等。[100]
		金融投资理论	金融投资理论是与金融衍生品、债券、股票、期权、证券等无形资产相联系的资本或投资理论，重点关注金融投资决策两大核心命题——风险和收益。代表性理论：(1)1952—1959年马科维茨(Markowitz)提出的现代资产组合理论(现代证券投资组合理论、证券组合理论或投资分散理论)；(2)以20世纪70年代初的Black-Scholes期权定价模型为代表的资产定价理论，具体包括资产组合理论、资本资产定价模型(Capital Asset Pricing Model，简称CAPM)和套利定价理论。[95]

通过梳理国外投资理论可见，其历经了“微观－宏观－微观、实物－资产－资本、有形－无形、国内－国际”，且逐步从经济理论独立出来的演化历程。

在本研究的新制度经济学视域内，企业投资重点关注的是制度对交易费用等的影响。陈敏(2006)认为，新制度经济学的贡献之一就是对企业的性质及其边界、存在的意义的探索。企业投融资行为正是这些方面的体现，其中影响比较大的当属威廉姆森提出的资产专用性和企业纵向一体化理论。她认为，对于组织和制度的分析必须以“交易”作为基本的分析单位；[101]而区分各种交易的主要标志是资产专用性(Assets Specificity)、不确定性及其发生的频率；她发现，当交易涉及的资产专用性和不确定性程度很高时，市场交易就要投入很高的成本，造成很大的效率损失。这就需要两家或者两家以上的企业通过合并，即纵向一体化，形成科层组织的方式加以解决。但是，企业的规模会有一个临界点，原因就是科层组织自身存在官僚体制成本和低效激励导致效率损失的因素。当企业规模扩大到一个临界点时，科层制交易费用增量就会超过由此节省下来的市场交易费用，该临界点就是企业的边界。陈敏(2006)因此推论，即资产专用性程度和不确定性程度越高的企业越有可能选择纵向投资，从而减少人的有限理性和机会主义行为的干扰。[42]

(三)融资理论：资本结构或融资结构

谷秀娟(2007)认为，融资的产生与发展是随着投资的不断扩大而出现的。融资决策(Financing Decision)是整个企业经营决策中最主要的三大金融决策(投资、融资和股利)之一。所谓的融资决策就是指企业在融集投资资金的过程中寻求最合适的企业资本结构(Capital Structure)或金融合约行为(Finance Contracting)，以便使企业融资运作成本最低、承担风险最小。投资者面对各种资产风险和预期收入，往往要选择最优资产组合以实现财富的效用最大化，因而会因各种内外部条件或限制而采取最适合的企业资本结构选择，因此企业融资理论主要是企业的融资结构理论。[102]融资结构研究的目的是推动企业通过合理举债，以发挥其财务杠杆作用；而资本结构主要包括长期负债、优先股和普通股的权益，并不包括短期信用。因此，企业的资本结构是构成其融资结构的一部分。在企业的投融资活动中，为了实现市场价值最大化，一般会把资本结构作为研究重点，以形成最佳的资本结构，这主要是取决于投融资成本和财务风险的权衡（冯彬，2004）。[103]企业的融资结构与资本结构关系如图 2-4 所示。

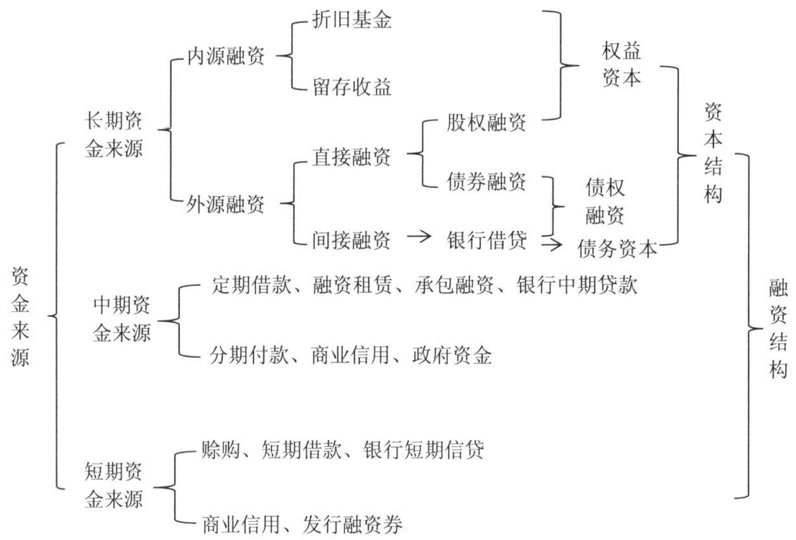

图 2-4　企业融资结构与资本结构

资料来源：[1]慕刘伟.国际投融资理论与实务[M]. 成都：西南财经大学出版社，2004：19.[2]冯彬.企业投融资[M].上海：上海财经大学出版社，2004：28-32.（作者做了针对性的调整。）

张维迎（1995）认为，企业融资结构或称资本结构，是指企业各项资金来源的组合状况。它是 20 世纪 50 年代后期随着“MM 定理”（Modigliani & Miller，1985）的开创而被纳入主流经济学的研究视域的，其中主要的原因是：（1）其对企业的融资成本与企业市场价值的影响；（2）其对企业治理结构的影响；（3）其对经济的增长和稳定的影响。他进而指出，一个企业的融资结构主要受三方面因素的制约：(1)企业所在经济的制度环境；(2)该企业所在行业的行业特征；(3)该企业自身的特点。[104]

由此可以得出这样的结论：企业资本/融资结构理论应该是对融资理论乃至投融资理论最大的贡献，理应成为研究的重心。

表 2-7 企业资本/融资结构理论演进路径

企业融资/资本结构理论			主要理论及融资主张
早期企业资本结构理论		净收入理论	极端地认为当企业 100 % 负债时，其市场价值将达到最大，资本结构达到最优；主张负债融资，以优化其资本结构。
		净营业收入理论	极端地认为无论企业的财务杠杆如何变化，企业的市场价值、加权平均成本及负债融资成本总会保持不变，因而就不存在最佳资本结构；主张用较低成本的负债融资去抵销较高成本的股权融资。
		传统折中理论	上述两种极端理论的折中。企业的债务成本、权益成本和加权平均总成本不是固定不变的，企业在一定限度内的负债比率是必要和合理的，负债比率低于 100%的某种资本结构可以使企业价值最大；主张可以通过财务杠杆获得企业最佳资本融资/结构。
	旧企业资本结构理论	“MM 定理”及修正模型（现代融资理论产生的标志）	1958 年，莫迪利亚尼和米勒（Modigliani & Miller）提出“MM 定理”；1963 年，他们又引入了公司所得税影响，对“MM 定理”进行了修正。他们认为，负债可以起到税收挡板的作用，企业负债越多，其资本成本就越小，企业价值也就越大。由此可以认为：对于企业来说，其最好的选择是 100%的负债。[105]
		权衡（平衡）理论	“MM 定理”提出后，西方学界先后出现了税差、破产成本两大针对它的修正学派。1984 年，梅耶斯（Mayers）将税收、破产成本和企业融资/资本结构综合在一起进行研究，从而形成了权衡理论，该理论把企业融资看成是在税收收益和各类负债成本之间的一种权衡。[106]
		代理成本理论	1976 年，詹森（Jensen）、麦克林（Meckling）提出委托代理理论，该理论认为外部股东与经理人、债权人与股东之间是一种委托代理关系，它强调两种冲突带来的代理成本，即股东与管理者的内部冲突、股东与债权人的外部冲突。融资主张，企业最优的融资结构可以在股权代理成本与债权代理成本的总和最小时实现。[107]

续表

企业融资/资本结构理论			主要理论及融资主张
现代资本/融资结构理论①	新企业资本/融资结构理论	控制权理论	20世纪80年代后期，以阿洪(Aghion)、博尔顿(Bolton)为代表的学者提出了控制权理论，将资本结构理论引向针对公司控制权与资本结构关系的思考。该理论以融资契约的不完全性为基点，把公司控制权最优配置、实现公司价值最大化定为目标。融资主张：对企业控制权有偏好的融资顺序是"内部融资→发行股票→发行债券→银行贷款"；从企业治理结构与约束监督机制建立角度看，其融资顺序正好相反，[108]权衡两者最优的选择是增大债券融资的比重。
		激励理论	以格罗斯曼(Grossman)、哈特(Hart)的担保模型为代表的激励理论强调融资结构与经理人(管理者)行为之间的关系，认为融资结构会影响其工作努力水平，进而影响企业未来的现金收入与企业价值。融资主张：企业负债融资会对管理者因担心企业破产丧失在职消费等任职好处形成激励。
		信号传递理论	建立在信息不对称基础上，信号传递理论主要研究的是企业融资结构所传达的价值信息如何影响投资者投资决策，主要有两种经典理论模型：(1)1977年的罗斯(Ross)模型，通过负债比例传递可信信号，认为负债率与企业价值呈正相关关系；(2)1977年，利兰德—帕尔(Leland—Pyle)模型，通过内部人(管理者/经理人)持股比例传递信号，持股比例与企业价值呈正相关关系。[109]
		融资序位理论	在信号传递理论的基础上，1984年，梅耶斯和梅吉拉夫(Myers & Mailuf)提出了融资优序(啄食)理论，认为在信息不对称条件下，企业选择的融资次序是先内源融资再外源融资，即"内部融资→发行债券→发行股票"。[110]
		资本结构产业组织理论	20世纪80年代，产业经济理论与资本结构理论的对接，使金融学中一直处于微观范畴的以企业为研究主体、以其价值最大化为目标的资本结构研究进入了产业的宏观和中观范畴，二者融合的逻辑起点是：(1)传统上以宏观、中观为主视角进行产业绩效的产业经济理论，需要面向以企业为中心的微观、动态研究，以得到微观验证；(2)以企业为中心的资本结构理论也需要关注企业外部产业环境对企业价值的影响。[111]二者融合的表现：一是产业组织理论逐渐将资本结构导入产品竞争战略分析；二是资本结构理论也尝试探讨产品特性、市场竞争结构对企业资本结构的影响。[112]代表性的研究主要有：

① 现代资本/融资结构理论按照是否引入不对称信息理论分为旧企业资本结构理论和新企业资本结构理论。资料来源：陈珏宇，叶静雅.现代企业资本结构理论研究及其发展[J].广西大学学报(哲学社会科学版)，2008(6)：36-44.

续表

企业融资/资本结构理论			主要理论及融资主张
			(1)以布兰德和李维斯(Brander & Lewis,1986)[113]为代表的产品市场竞争战略与企业资本结构互动关系研究:在市场竞争中,增强经营杠杆和财务杠杆比率,可促使股东选择更具风险性投资战略;[114]产品市场竞争从古诺(产量)竞争延伸到伯川德(价格)竞争,而显然布兰德等研究只考虑到了企业进行古诺(产量)竞争的情况。(2)威廉姆森(Williamson,1988)等人对资产专用性、交易成本与企业资本结构相互关系的研究。威廉姆森(Williamson,1988)资产专用性程度会影响企业对融资工具的选择。[115]资产专用性低的项目宜采取债务融资方式,而资产专用性高的项目更适合采用股权融资。[111] Vilasusoh & Minkler (2001)[116]则构建了一个考虑到资产专用性与代理成本因素的资本结构动态模型。[117]
		金融成长周期理论	1970年,韦斯顿和布里格姆(Weston & Brigham)提出了企业的金融成长周期理论,并将企业的成长周期分为初期、成熟期和衰退期三个阶段;[118]并于1978年将前假说中的成长周期三阶段扩展为六个阶段:创立期、成长阶段I、成长阶段II、成长阶段III、成熟期和衰退期。[119] 1998年,伯格和安德尔(Berger & Udell)[120]将信息不对称、企业规模和资金需求等因素纳入考虑,对韦斯顿和布里格姆(Weston & Brigham)的理论假说进行了修正,并描述了美国中小企业的成长与融资来源。2005年,格雷戈里(Gregory)[121]等借助美国954家中小企业的数据对伯格和安德尔(Berger & Udell)理论进行了实证,并通过了支持性检验。[118]

资料来源:

[1]陈珏宇,叶静雅.现代企业资本结构理论研究及其发展[J].广西大学学报(哲学社会科学版),2008,30(6):41-49.

[2]曹卫华.企业融资结构理论与我国上市公司融资行为分析[J].金融论坛,2004,9(4):57 61.

[3]冯陶.企业融资结构理论综述[J].合作经济与科技,2007(18):54-55.

西方融资理论是建立在大企业研究基础上的,这和本课题的研究有着较好的关联,尤其是现代新企业资本/融资结构理论中的信号传递理论、融资序位理论、资本结构产业组织理论和金融成长周期理论对本研究有着比较积极的借鉴意义。当然,这些理论自身也处在不断的演化与完善中。

(四)一体化研究:投融资理论

陈敏(2006)认为,在西方投融资理论中,投融资研究长期割裂:一方面,在宏观经济学中,投资与经济增长、就业的关系探讨备受青睐,并得到深入的研究;另一方面,在微观经济学中,融资理论与投资理论却相互割裂,其主要原因是投融资没有和公司治理(制度形式产权)联系起来,或投融资理论是在管理学视域下的公司管理(制度形式、组织制度)理念指导下发展起来的,投融资被简化为"成本一收益"这种分裂式的技术比较。企业融资决定了企业利益相关者之间的权利和义务关系,是治理机制的基础;企业投资决策和运作过程就是治理机制运行的过程,治理机制对企业投资有着重要的影响,因而投融资必须紧密结合起来,以推动企业治理。[42]

近些年来,越来越多的学者关注到了投融资互动理论研究。覃家琦等(2008)认为,投融资互动机制表现为企业的融资方式如何通过影响其治理结构、治理机制、价值活动、管理结构、资产配置、管理制度等因素,来影响企业的现金流和企业价值,最终影响企业投资决策。[122]龚凯颂(2009)则总结出了三个企业投融资互动理论研究成果:(1)融资及融资约束对企业投资行为的影响。比如负债融资对企业投资行为的正面或负面影响。(2)现金流量与投资支出关系,主要有自由现金流量假说(Jensen,1986)和信息不对称假说(Myers & Majluf,1984)两种理论:信息严重不对称的公司会面临较大的融资约束,而面临融资约束的企业又会依据其现金流量状况出现资金不足问题。(3)企业投资对融资的影响。覃家琦(2007)认为,资产专用性会对融资结构产生影响,即资产的专用性越高,企业越倾向于权益融资,相反则倾向于负债融资。[123]

国内较早研究投融资的学者卢汉林认为,我国的"投融资"一词是从日本引入的,但是投融资在当时的日本有着很大限定性,它仅仅是指"财政投融资",其资金来源主要是邮政存款和福利年金,资金的使用范围也仅仅覆盖社会资本和民间资本两大类的12个部门;就其投融资主体来看,它只是通过政府金融机构实施的一种“政策金融”。慕刘伟(2004)认为,1993年,国务院颁发的《关于投融资体制改革的决定》是我国投融资一体化的重要标志,投资与融资的内在联系主要体现在:(1)投融资活动的融合性,即“投资融资化”与“融资投资化”。(2)投融资主体在同一活动中的相对性。比如融资有融入和融出两种形式,而融出实际上就是投资。(3)投融资工具的一致性。比如证券投资和直接融资二者实现的途径和工具都是通过股票和债券来实现的。[124]

魏鹏举和周正兵(2008)认为,在现代金融资本市场,投资和融资往往是同一个资本活动(运营)的两个方面,对于出资方来说是投资,而受资方就是融资;投资首先需要有足够的资本,投资的需求带动了融资的繁荣;同时融资本身也是为了进行投资,纯粹用于消费的筹资并不是一般意义上的融资。投资和融资是一个在现代市场经济条件下相互依存、互渗互补的资本流通增值的经济活动系统。[125]

冯彬(2004)认为,企业投资和融资具有内在联系:同一项经济活动对于资金缺乏的企业来说是融资行为,而对资金盈余的企业来说就是投资行为;同时企业投资必须考虑到自身的融资能力,企业融资也必须以企业投资的需要为依据。因此,企业投资和融资面临的问题往往是共同的,从而需要把二者作为一个系统、一个整体来研究企业投融资问题。[126]

丁胜红、王睿(2014)借助上市公司经验数据论证了投融资一体化可以有效缓解因资金短缺引起的投资不足的问题,但对于国有企业来说,它也可能会导致和加剧其过度投资。[127]

张燕(2009)认为,投融资一体化概念适合描述中国体制的形成与演变。中国基本建设资金供应体制经历了从计划经济时期的“拨款制”,到改革开放1979年试点的“贷款制”,再到1993年实行的投融资体制改革形成的“多渠道并存制”,这一过程基本上可由投融资这一概念做出概括:

投资体制→ 融资体制→投融资体制一体化。[128]

综上分析可见，投融资理论的演进脉络是“资本理论→投资理论→融资理论→投融资一体化理论”。

三、理论基础适用性分析

前面我们讲述了本研究的三大理论基础，其中主要着力点是制度变迁与投融资理论，原因主要有两点：一是制度变迁理论是体制变迁的核心，也是体制变迁理论的主要依附。在概念梳理部分，我们分析了“体制”是中国的一个专有词语，因此，体制变迁实则是中国语境下的制度变迁，但它的外延又不限于此，即除此之外它还包含了微观上的运行机制变化。二是投融资或者投融资一体化理论，也是研究中的一个核心概念。很多研究者似乎已习惯单独使用投资或者融资，比如我们说上市融资，却很少人说上市投资或者上市投融资。实际上，上市对于企业来说，它既是融资，也是一种股市投资。因此，本研究花了不少时间和笔墨对理论演进进行了分析，这既是一种厘清，也是一种文献论证。三大理论基础的适用性主要体现在以下几点：

首先，制度变迁理论。一方面，本研究重点分析制度生成路径与“元制度”。制度生成路径对后面制度的分类起到关键作用，而“元制度”则为后续的体制改革建议找寻到制度源头。另一方面，本研究重点关注制度变迁界定、供求分析框架与路径依赖。这些理论是对本研究体制变迁概念内涵和外延限定的至关重要的依据，并且为新闻出版投融资体制变迁中的影响要素及问题分析提供参照。

其次，企业集团理论。按照前文所言，出版传媒集团本质上就是企业集团，其特殊之处是文化或意识形态的特殊性。但是从投融资角度来说，或者说在资本市场里，这种特殊性是没有的或者是越来越被淡化。因此，在本研究的调研过程中，我们也听到过在资本市场不要谈意识形态的言论。按照现行的母子公司或资本联结的企业集团模式，有的学者提出的资本控制型、行政控制型、参与控制型和平台控制型四大出版传媒集团管控模式对于其微观上投融资运行乃至制度规制分别有着非常重要的价值和意义。

最后，我们不惜笔墨地论证投融资一体化理论演化过程，即“资本理论→投资理论→融资理论→投融资一体化理论”，这是对本研究投融资核心概念进行的文献论证；同时，比如实物投资理论、金融投资理论、融资序位理论、金融成长周期理论等也为微观上出版传媒集团投融资运行机制提供了直接的借鉴和引用。

第三节　体制变迁与出版传媒集团投融资效率研究文献综述

一、国外研究现状

首先，投融资一体化对效率的研究。正如前述中我们提到西方理论界对投资和融资的理论探讨长期处于单列研究。随着投融资一体化发展趋势的不断变化，一些学者在试着探索投融资一体化对企业投融资效率的影响，但结论一直无法实现统一：(1)支持方格申克龙(Gerschenkron，1962)[129]、斯坦(Stein，1997)[130]等认为投融资一体化凭借其交易成本、信息和融资优势等促进了企业经济增长，继而推动企业投融资效率的提升；(2)反对方则认为，投融资一体化的上述优势会带来企业的过度投资(Malmendier & Tate，2005)，[131]并且它对企业经济的拉动作用非常短暂且有限(Sapienza，2004)。[132]

其次，集团化与投融资效率的关系。这也是一个有争议的话题，而且研究者更多地将关注点倾向于集团化对投资效率的作用，而不是融资效率或投融资效率。一方面，支持方更多地看到企业集团化后投资效率提升的几大优势：(1)Billett & Mauer(2000)[133]、Hosih et al.(1991)[134]、Khanna & Palepu(1997)[135]指出了集团化缓解融资约束的作用；(2)Gertner et al.(1994)[136]看到它的信息优势；(3)Stein(1997)[137]关注到集团化对资源配置优化及其投资效率的提升作用；(4)Prowse(1992)[138]则提出集团化对代理成本、监督成本降低的作用。另一方面，反对方则更多地看到了集团化对投资效率的消极作用：(1)它导致资源分配上的“社会主义”(Socialism)与“交叉补贴”(Cross Subsidization)(Rajan，2000[139]；Wulf，2000[140])；(2)它容易造成过度投资与投资效率低下(Stein，2003)[141]；(3)它带来了严重的股东代理问题，即大股东控制权与所有权的分离，使其可借助关联交易、躲避监管等进行利益输送和“掏空”(Tunneling)中小股东利益(Khanna，2000)；[142](4)它剥夺了其他非集团化企业的融资机会，造成社会福利损失(Almeida & Wolfenzon，2006)。[143]

再次，新制度经济学对于制度变迁与投融资效率的研究给了比较好的理论解读。新制度经济学通过引入产权、交易费用等外在限制要素形成一个“动态效率观”。集大成者诺斯(North)将动态效率定义为人均收入的长期增长，并提出了“制度适应性效率”理论，其最重要命题就是制度决定经济效率。[144]1973年，诺斯和托马斯(North & Thomas)提出了制度决定经济绩效的理论，并对效率给出解释，即相对价格变化产生了更有效率的制度的激励。1990年，在《制度、制度变迁与经济绩效》中诺斯再次强调了这一效率理论。[2]按照制度变迁的理论推导，其变迁所产生的制度创新与制度安排，对企业投融资过程的产权效率提高、交易费用降低、外部性障碍消除、信息不确定性降低等产生积极作用。

最后，较少研究直接面向制度变迁与传媒集团投融资效率。迪亚科夫(Djankov，2003)等通过对全球9个传媒公司的研究发现：大型传媒企业基本采用由政府或家族控股的资本结构，但这种控制型资本结构不会对传媒企业价值形成逆向选择。[145]大卫和威廉(David & William，2001)

发现，传媒集团化使美国传媒产业结构发生了四大变化：(1)扩张。兼并和收购已使传媒巨头(集团)的块头比以往任何时候都要大。(2)整合。这些传媒巨头或横向融入如影视、出版、广播等多种媒体，或纵向占有制作(印刷)和发行的不同层级市场，又或横纵融合齐头并进。(3)全球化战略。从某种层面来说，这些主要的传媒集团已在世界范围内实现产品销售，从而演变成不折不扣的全球化巨头。(4)股权集中(垄断)。随着这些大玩家对传媒资源攫取的不断增加，美国传媒集团或主流媒体的股权越发集中。而这些传媒集团实施扩张的原因包括：第一，扩张所形成的规模会提升融资效率，从而支付高昂的传媒并购项目费用，并进一步发展壮大；第二，最为重要的是，传媒集团跨媒体联合所形成的“企业合并协力优势”是一些单个传媒企业无法企及的。这些传媒巨头对“企业合并协力优势”的构想就是实现传媒资源的深度加工，比如，其旗下杂志推出一位作家，他的书就可拍成电视剧或开发成一个网站和电脑游戏等。① 但是大卫和威廉(David & William)指出集团化的投融资及效率优势的同时，也担忧股权过度集中所带来的垄断、公共舆论控制等不利影响，并提出要限制传媒集团的并购制度建议。[146] 艾莉森·亚历山大(Alison Alexander, 2004)等认为，20 世纪八九十年代的大型企业重组在新世纪失败后，传媒经济的重要性便开始凸显。由于管制放松以及科技与金融方面的变革，媒介成了接管、解体、兼并与收购的目标。而自 20 世纪 60 年代以来，图书出版业中兼并和收购就大量出现(Greco, 1989, 1996)。集团化的优势在很大程度上取决于公司的特定结构，但是集团化和寡头经济垄断都带来了意义重大的规模经济(Eric & Tom, 2004)。[147]

① 这里作者想插入一个花絮：一次和授业恩师在探讨这一问题的时候问道：“美国传媒学者似乎有点担忧传媒集团的并购过大并提出要进行限制，为什么我们还要支持并鼓励出版传媒集团化、航母化?”恩师笑答：“那是因为他们的集团太大了，而我们的集团太小了。”

二、国内研究现状

自2003年党的“十六大”后启动的文化体制改革以来，新闻出版单位的“转企改制”在2008年、2009年步入最后攻坚阶段。时任国家新闻出版总署署长的柳斌杰也在多种场合强调新闻出版投融资体制改革及其成效。[148]该课题在国内的研究伴随着出版业“转企改制”的推进变得越来越火。

（一）新闻出版投融资体制研究

新闻出版投融资体制研究基本是在新闻出版体制改革话题下进行探讨的。通过文献梳理可见，国内理论界学者孙旭培（2001）是较早建议通过发展股份制传媒来实现新闻投融资体制创新的，并认为投融资体制对增强传媒实力和国际传播竞争有重要意义。[149]周蔚华等（2010）认为，出版体制改革的深层逻辑就是产业属性决定产业改革要进行事业和企业分类；面对出版企业市场运行失灵，政府必须借助调控手段，营造公平市场环境支持其发展，而出版企业自身也必须主动借助金融和资本力量，通过上市、并购重组等方式实现企业快速发展，以增强自身实力和国际竞争力。[150]2012年，时任中国新闻出版研究院副院长魏玉山以新闻出版业为例，认为文化产业改革走向深入的关键之一，就是以发展上市、债券融资、股权融资、项目融资、贸易融资、海外并购等多种方式，深化新闻出版业投融资体制改革。[151]投融资体制微观领域的探讨则更为丰富。原人民出版社社长助理李春生（2008）认为，新闻出版投融资体制是组织、引导、管理、服务和规制新闻出版企业投融资活动的基本规则和制度，主要包括投融资主体、投融资渠道和投融资模式三个要素。[152]他对该定义的界定前半部分指的是体制的核心即宏观领域，后半部分又落到了微观运营层面上。虽然他没有指出制度和企业运行的逻辑关系，但是他对体制内涵的把握还是比较精准的。受政策引导的影响，学界似乎对微观企业投融资研究更加关注。在研究过程中，新闻传播学学者基本上都是将投资和融资分开研究的。李瑞（2014）认为，投资和融资是资本活动的两个方面，二者互相依存和影响，[153]但其在研究论证出版上市企业投融资关系过程中仍采用投资和融资分列对比探讨的方式。张燕（2009）的博士论文《中国传媒上市公司投融资问题研究》就采取对融资与投资分别探讨，然后再合在一起探讨的方式。[154]总体上，对投资的探讨要多于融资。①

1.投融资主体研究

自从2012年国家新闻出版总署发布《关于加快出版传媒集团改革发展的指导意见》以来，业界和学界开始集中探讨出版单位类型实际只有两大类，即大型出版传媒集团和中小创意出版企业，尤其前者的规模和在整个产业中的巨幅占比备受关注。实际上，出版业"转企改制"很大程度上就是针对大型出版传媒集团进行的。2011年，柳斌杰在《出版集团战略投资》序言中再次强调了战略投资者的资金、技术、管理、市场、人才等优势，对企业自身的竞争优势提升、规模与范围经济实现，以及对产业的转型升级、国际化发展的巨大作用。因此，他认为必须要通过资源倾斜、政策帮扶和企业自身的上市、并购、重组等资本运作手段，把一批优质出版传媒集团打造成战略投资者。2012年的《关于加快出版传媒集团改革发展的指导意见》对集团这一发展战略形成了最终的制度固化。[155]一些行业的老总如原凤凰出版传媒集团总裁谭跃、湖北长江出版传媒集团总裁王建辉也都曾谈过对出版传媒集团战略投资者打造的设想（谭跃，2009[156]；王建辉，2009[157]）。中国新闻出版研究院也多次对出版传媒集团投融资过程中的资本运营、创新发展、战略发展等做出专项研究（出版传媒集团发展研究课题组：郝振省，2012[158]；郝振省，2013[159]；庞沁文等，2014[160]）。

① 在中国知网中，以"出版＋投资"实行关键词叠加可搜索到的文献是3663条；而以"出版＋融资"关键词叠加可搜索到的文献是732条（搜索时间是2016年3月13日）。

2.对于投资的研究

该研究主要集中在投资战略(何骏,莫林,2009[161];虎盛虎,王冰,2012[162];杨荣,2015[163])和投资方式、模式上(龙阳,2008[164];潘文年,寇泽梅,2009[165];裴永刚,李珮,2011[166]),也有些学者对出版传媒企业的投资行为做了较好的研究(周正兵,2011[167];孙建军等,2011[168];戴新华,林如鹏,2014[169];戴钰,2015[170])。

3.对于融资的研究

该研究主要集中在融资渠道和模式上。本质上说,融资渠道和融资方式是一种互生关系,有什么样的融资渠道就会有什么样的融资模式,而有什么样的融资模式也会决定企业会在什么渠道融到资。由于我国在2003年"转企改制"以前,新闻出版单位作为事业部门对长期所形成的"政府拨款""银行贷款"主导的融资路径已形成依赖。在2010年年底"转企改制"基本完成后,出版单位特别是出版传媒集团以及中小出版企业首先面临的就是融资渠道的拓展和融资模式的创新(何奎,2014)。[171]而在所有的渠道和模式中,尤其受业界和学界关注的就是上市(姚德权,2008[172];柯维,2009[173];赵卫斌,2011[174];许天骆,2012[175];刘硕等,2015[176])和并购(莫林虎,何骏,2010[177];梁小建,于春生,2011[178];周玉波,王菲,2012[179];周斌,2015[180])两种方式,对这两大议题的探讨也比较深入。

但是以制度为核心的新闻出版体制研究存在的问题也较明显,正如制度设计与行为管理学者孙绍荣(2015)所指出的,在经济学和管理学领域对制度的研究很火,但是往往会得出"监督不够""发挥积极性不够""管得要死"等难以操作的建议。其原因是缺乏通用的制度设计工具和技术,大部分研究仅停留在依靠个人经验和思考上,导致研究不能深入。[181]实质上,孙教授指出了国内外现在制度、体制与机制度设计研究的主要短板。

(二)基于上市出版企业经验数据投融资绩效与效率的实证研究

随着我国出版企业上市数量的不断增加和上市数据的可获取优势，学界在 2010 年以后逐渐掀起了基于经验数据投融资绩效与效率实证研究的热潮。

一方面是首先兴起的上市投融资绩效研究。唐溯(2010)以 16 家上市出版企业为样本，并重点对其中 5 家进行了市场表现及经营绩效实证研究，发现：(1)出版业中长期发展前景看好，但仍然面临严峻挑战；(2)上市加快了出版企业的经营机制转换、战略转型、市场化进程；(3)上市企业借助资本市场投融资功能，加快了其业态和商业模式创新，从而实现企业快速发展。[182]何志勇(2013)通过对 9 家上市出版企业的实证，也得到了“中长期发展前景看好，但仍然面临严峻挑战”的相同看法，并建议应坚持做大做强出版主业，实现专业化与多元化协同发展；提高资金利用效率，借助多样化资本运作手段扩大经营规模，提升企业竞争力。[183]杨东星等(2013)通过对出版类上市公司近年经营情况比较分析认为，应充分利用融资来进行建设数字化平台、培养数字化人才等发展趋势的研究。[184]

但是也有些学者得到了一些比较消极的验证：贾靓琨等(2013)对 2012 年 10 家出版发行上市公司财务数据和其经济竞争力进行比较后发现，这些企业的资产管理水平和财务管理能力都有待加强。[185]朱乃平等(2014)通过对 2008—2012 年间 8 家出版行业上市企业财务数据的研究发现，其整体绩效较差，盈利能力波动较大；公司规模和成长能力趋于平缓；无形资产比重呈现下降趋势。因此，他们认为上市企业应在完善公司治理、加强财务杠杆利用和无形资产管理上同步进行。[186]在问题分析的基础上，王红英(2013)建议，上市出版企业应提高总资产周转率，提升出版传媒上市公司盈利能力，而负债经营对其盈利能力是负贡献的。[187]

另一方面，借助 DEA 模型(基于数据包络分析)等方法对上市出版企业投融资效率进行研究的数量也逐年增加。姚德权等(2011)借助 DEA 模型和 7 家出版上市公司 2007—2011 年数据,验证了出版上市公司股权结构对企业效率的影响:(1)第一大股东持股比例、股权集中度对企业效率呈显著正面影响;(2)股权制衡度与企业效率却呈显著负相关。[188] 陈鸿瑞(2013)借助 DEA 模型对 2009—2011 年 14 家出版上市公司经营效率进行研究则发现:(1)出版上市公司经营效率总体较好,但纯技术效率偏低;(2)出版上市企业间的经营水平差距缩小;(3)企业规模与投入/产出具有较高匹配度;(4)规模报酬呈下降态势。[189] 朱乃平(2014)借助 DEA 模型对我国 9 家出版上市企业 2008—2012 年投入/产出效率进行实证研究后发现,我国上市出版企业纯技术效率和规模效率表现较好,且前者要略高于后者,并建议上市出版企业要通过重组控制企业规模、推动技术进步利用率和提高政府政策引导力。[190] 朱华桂等(2016)将 2003—2014 年间 14 家出版类上市企业作为样本,借助其财务与股票数据分析发现:(1)新闻出版行业的发展阶段性特征明显;(2)出版企业改制政策对行业发展有显著影响;(3)自"转企改制"以来,产业投资收益低于大盘指数收益,但二者的差距正在不断缩小。[191]

第四节　本章小结

本章主要通过文献整理形成学术规范研究,以夯实理论基础。

首先,本研究对一些核心概念进行梳理和界定。第一,本研究认为,体制是一个中观的概念,它包括制度和机制两方面,是二者的中介传导要素,制度是其核心要素,而机制又是具体的外化表现。因此,体制也经常表现为规范(制度)与机制(运行机制)的合体。在此基础上,研究进而提出了投融资体制,包括投融资管制制度与运行机制,实则是围绕政府、市场和企业三大主体所构建的完备的体系系统。

第二，将出版传媒集团视为企业集团中的一种特殊形式，分析了二者的相互关系及制度推动下的演化历程，并以业务主体类型的不同将出版传媒集团分为书刊出版社主体型集团、新闻报业与网络等传媒主体型集团、出版发行企业主体型集团、技术公司主体型集团和综合型集团五大类型。

第三，在效率理论梳理的基础上，研究认可投融资效率即投融资投入与产出比例的观点。一方面，它是对投融资效率最简洁、最根本的描述；另一方面，这一界定也符合投资（投入）、融资（产出）一体化的特征。

其次，本研究引入分析研究的三大理论作为基础，并做了简要的适用性分析：(1)制度变迁理论。一方面，研究分析制度生成路径与元制度；另一方面，厘清了制度变迁的界定、供求分析框架与路径依赖。(2)企业集团理论。研究分析了不同学科对企业集团理论的见解，并重点梳理出面向母子公司主导的资本控制型、行政控制型、参与控制型和平台控制型四大出版传媒集团管控模式。(3)投融资理论。作为本研究的核心支撑理论，研究重点分析了“资本理论→投资理论→融资理论→投融资一体化理论”的演进脉络。

最后，由上推进，本研究进一步将视角放在国内体制变迁与出版传媒集团投融资效率研究文献综述上。相比国外，2003 年以来国内相关研究非常火热，视野也逐渐拓宽，主要形成了以“转企改制”为对象的体制（制度）研究和借助上市出版企业的实证研究两大主流。

综上所述，理论基础引入及文献综述的目的就是在形成学术规范研究的基础上，为后续研究展开提供理论支撑、依据设定和框架构建。

第三章 现状与内生演化:体制变迁与出版传媒集团投融资发展脉络梳理

第一节 宏观制度演化:新闻出版投融资制度变迁

一、1949—1978 年:“政府主导”的集权型投融资制度

1949 年 3 月,中共中央指示新成立的出版委员会“出版工作需要统一集中”。自此直至 1956 年,新中国出版业形成了全国计划出版体制。[192]

1950 年,中宣部发布了《关于报纸实行企业化经营情况通报》,指出“企业化经营方针是完全正确的”,旨在拓展体制外的新闻出版投融资,但随着后期的各种政治运动和“文革”等终止了这种尝试。[193]直至 1978 年,我国新闻出版业一直处于计划出版体制下,由此形成了“政府主导”的集权型投融资体制:新闻出版是国家行政事业的一部分,政府是唯一的投资主体,新闻出版业的主要收入是直接的财政投资和间接的政府津贴。

二、1979—2002年:双轨制下“政府主导、市场参与”的分权型投融资制度

这一时期是中国由计划经济向市场经济转型的时期,过渡时期的出版管理体制特征就是“双轨制”,即“事业单位,企业化经营”。“双轨制”是改革开放后,为了改变计划经济体制下“集权型”新闻出版投融资中政府对新闻出版业管的“管得太宽,统得太死”的情况,逐步形成“政府主导与市场参与”的投融资模式。

(一)“双轨制”的确立:一种转型过渡体制

1979年12月,全国出版工作会议全面清理“左”的思想路线对出版工作的干扰和伤害,确立了地方出版社“立足本省,面向全国”的出版方针,引发了我国出版结构的调整和出版生产力的解放。1983年2月,文化部出版局发布《关于出版社、新华书店总店、中国印刷公司列入1982年调资范围后的几项规定》,根据当时规定,出版社的性质属于“事业单位,实行企业管理”。[①] 至此,我国传媒行业包括新闻出版业最重要的时期确立了,应该说它是对新闻出版业商品属性或者市场属性的一种认可,也为出版从纯意识形态领域走向市场领域以及为后期改制奠定了基础。

(二)面向规模化发展出版融资渠道拓展的政策松绑:商业属性认可及经济效益逐步凸显

1983年6月,中共中央、国务院发布的《关于加强出版工作的决定》提出,图书是一种商品,出版工作也是一种经营活动;要把社会效益放在首位,同时注重经济效益。这是对出版产品商品属性的认可和出版单位

---

① 王振铎与孟玉静(2008)认为,“事业”与“企业”不是完全对应的相互平衡的概念。“事业”的概念外延大,“企业”则是相对于市场主体对工商服务等产业的经营管理而言,相对较窄。很长时间以来的出版体制观都把出版社的“编、印、发”三个流程不恰当地作为“一条龙”来看待和定性,从而导致现实中的产权不清、管理不畅、职责混乱、投资与利润难以调配等问题。资料来源:王振铎,孟玉静.最大限度地开发编辑创新力与出版生产力——30年出版改制谈[J].中国出版,2008(9):20-23.

经济效益的重视，为后续出版单位的投融资起到了重大的推动作用，甚至为后期出版单位经营属性的凸显埋下了伏笔。

1988 年 5 月，中宣部、新闻出版署在《关于当前出版社改革的若干意见》中明确提出，出版社要多种渠道借助社会力量扩大财源；1996 年 10 月，党的十四届六中全会决议强调，要适应社会主义市场经济的要求，建立起规范、有效的筹资机制，逐渐形成对精神文明建设多渠道的投入体制，这一时期中国新闻出版业借助投融资发展和壮大产业规模，是产业的增量发展阶段。[194]

(三)结构转型与新闻出版业集约化发展：集团化投融资主体培育

1996 年，党的十四届六中全会决议提出，加强对新闻出版业的宏观调控，推动其从注重规模转向提升效益，从粗放型转向集约式发展，由此推进了全国性出版业的阶段性转移。阶段性转移一经提出就包含两个方面的任务：一是要实现体制转轨，二是要实现增长转型。1997 年，中共"十五大"之后，中国新闻出版业开始了集团化发展之路，中宣部先后批准建立了广州日报报业集团等 6 家报业集团和北京出版社出版集团、广东出版集团、上海世纪出版集团 3 家出版集团，由此加快了我国出版业的集约化步伐。[195]报业、出版集团的出现加快了我国出版业的结构转型与新闻出版业集约化发展，并借此孕育了一批集团投融资主体。

(四)资本运营的大动作：上市投融资政策铺垫与实践

进入新世纪，中国出版业投融资体制改革掀开上市融资等政策帷幕，并由此逐步走上了新闻出版业的资本运营之路。2001 年 1 月，全国新闻出版局长会议首次提出"有条件的可以批准其上市融资"；4 月，中国证监会公布《上市公司行业分类指引》，增加了包括新闻出版在内的"传播与文化产业"这一基本产业门类；8 月，深圳证券交易所给出了传播与文化产业指数；8 月 20 日，中共中央办公厅、国务院办公厅转发了《中央宣传部、国家广电总局、新闻出版总署关于深化新闻出版广播影视业改革的若干意见》，提出了包括出版在内的媒体集团化、媒体可以跨行业跨地区经营、经营性资产可以上市等意见；2002 年 5 月，新闻出版总署专门制定了《关于贯彻落实〈关于深化新闻出版广播影视业改革的若干意见的实施细则〉》及《关于规范新闻出版业融资活动的实施意见》等八个配套文件等一系列的政策规章，提出了拓宽新闻出版业融资渠道的思路：编辑业务和经营业务分开的投融资模式。

首先，编辑出版业务可以用合作的方式在出版系统内融资；其次，试点集团可按现代企业制度的原则，设立有限责任公司或股份有限公司，吸收国有企事业单位的资本，且保证集团国有资本股份应不低于 51%；最后，试点发行集团和印刷集团的有限责任公司或股份有限公司运作模式，吸收国有资本、非国有资本和境外资本，保证集团国有资本股份应不低于 51%。两类集团都可申请上市，通过发行股票募集资金。

在这一过程中，出版单位的投融资，由原本的财政拨款变为银行贷款、内部资金积累以及后期国有企事业单位的资金和资本市场投融资的政策铺垫，使出版经营活动得到了重视；市场的介入和相关政策的松绑也使得新闻出版单位获得了更多的投融资自主权。但是问题在于：(1)同时期的金融体制下，我国的大多数银行也都是直接受制于政府的国有银行，同时经营政策性业务和商业性业务，它们对事业单位性质的出版单位的贷款，不用特别考虑其经营状况和偿还能力，也无需为银行资产的风险性担心，这种“拨改贷”实质仍是一种“财政拨款”；[192] (2)出版单位类型含混不清，经营性出版和公益性出版搅在一起，出版事业和出版产业混在一块，直到后期才逐渐分离了编辑业务和经营业务，因而并未形成以新闻出版产业为主体的市场结构，也限制了新闻出版的产业投融资；(3)从产权属性来看，“双轨制”模式下，新闻出版单位仍隶属于政府，虽然实行了企业化运作，但由于其自身产权的不清晰，所以很难实现和市场的投融资对接。

综上所述,这种带有过渡性质的分权型新闻出版投融资体制没有从本质上改变其“政府主导”的实质。

三、2003年至今:“多元化市场”的导向型投融资制度

柳斌杰(2013)认为,我国真正走上科学道路的文化体制改革是从党的“十六大”开始的,之前的只是适应性、应对性改革,后来转变为实质性改革,是我国文化建设的新起点。[196] 2002年,党的“十六大”关于文化体制改革提出了文化事业和文化产业分类管理与发展、推进出版业企业化转制的思路。由此,推动了多元化市场导向型投融资体制的逐步形成。

(一)以企业为主体的投融资逐步确立:产权变革中的新闻出版投融资体制

2003年,文化体制改革试点工作会议召开,以“转企改制”为特征的出版业体制改革正式开始。国务院发文决定,除人民出版社之外的其他出版社,一律要由事业单位转制成为经营性的企业单位,新闻出版体制改革的重点是转企改制、股份制改造、上市融资、兼并重组以及面向社会资本的投融资等方面。2004年,国务院颁发的《关于深化文化体制改革的若干意见》指出,加快产权制度改革,推动股份制改造,符合条件的,经批准可申请上市。2008年,国务院办公厅发布的《文化体制改革中支持文化企业发展的规定》提出,通过公司制改建的文化企业可申请上市。

产权改革的核心就是“转企改制”和股份制改造,目的是为了建设新闻出版产业现代企业制度,完善法人治理结构和资本运行机制,使改制后、改造后的新闻出版单位成为运作规范的现代新闻出版企业。在这一过程中,要重点推进新闻出版企业联合重组,培育骨干企业和战略投资者,打造中国出版传媒业的“航空母舰”,参与国际竞争。[148]

截至2010年年底,经营性出版单位的“转企改制”已经全面完成,由此,以企业为主体的新闻出版产业投融资体系也已逐步确立。

(二)以市场供求为导向的投融资:金融体系的全面融入

企业投融资本质上就是一种市场行为,理应建立"市场供求为导向"的企业投融资决策、风险识别、操作实施与灵活机制。在党的"十六大"完成文化事业和文化产业的分离之后,我国出版企业已经逐步实现了资产剥离、产权清晰和面向市场的身份识别,因此,必须确立面向市场供求导向的投融资体制,而其核心就是实现和银行、基金、证券等金融系统的对接,只有这样才能取得市场投融资的大发展和大转型。2010 年,在包括新闻出版在内的文化产业"转企改制"和股份制改造取得重大阶段成果时,九部委联合发布了《关于金融支持文化产业振兴和发展繁荣的指导意见》,以此实现文化产业投融资体系和金融体系的对接和融合。金融系统的全面融入,标志着我国"以企业为主体,以市场供求为导向"的新闻出版多元化产业投融资体制发展模式的最终确立。

总体上,上述三个阶段的新闻出版产业投融资制度变迁体现了政府对新闻出版产业投融资市场行为的管制逐渐放松,以及经营主体企业逐步获得投融资自主权的历程。从变迁的方式和结果来看,这几个阶段主要是以政府主导的强制性变迁和新闻出版单位面向市场诱导性变迁的博弈。

第二节　中观体制变迁:新闻出版投融资体制改革脉络分析

由上述制度变迁分析可见,我国新闻出版投融资体制改革多折射于各类国家相关政策规定中,尤其是 2001 年以来,以面向金融体系(市场)为特征的我国新闻出版投融资体制改革趋势明显,详见表 3-1。

一、新闻出版投融资体制变迁逻辑路线

结合表 3-1 出台政策梳理可以发现,我国新闻出版投融资体制改革逻辑路线是:产权/股权体系→市场体系→金融系体系→新闻出版投融资体系。

表 3-1 2001—2016 年我国新闻出版投资融资出台政策梳理

时间	新闻出版投资融资出台政策梳理
2001 年	1 月,全国新闻出版局长会议首次提出“有条件的可以批准其上市融资”;4 月,中国证监会公布《上市公司行业分类指引》,增加了包括新闻出版在内的“传播与文化产业”这一基本产业门类;8 月,深交所给出了传播与文化产业指数。
2002 年	新闻出版总署在《关于规范新闻出版业融资活动的实施意见》中指出:经中宣部和新闻出版总署批准,试点出版传媒集团编辑出版业务以合作方式在全国新闻出版系统内融资,开启了编辑出版业务投融资政策的大门。
2003 年	国务院办公厅印发的《关于印发文化体制改革试点中支持文化产业发展和经营性文化事业单位转制为企业的两个规定的通知》指出:党报、党刊等重要新闻媒体经营部分剥离转制为企业,在确保国家绝对控股的前提下,允许吸收社会资本;通过股份制改造实现投资主体多元化的文化企业,符合条件的可申请上市。
2004 年	新闻出版总署印发的《关于进一步规范新闻出版单位出版合作和融资行为的通知》规定:由已转制的新闻出版企事业单位分离出来的新办企业在对外合作和融资活动中,必须确保国有资本主导地位;必须确保新闻出版单位在合作和融资中实现国有资本保值增值;在企业资本结构变化过程中,必须确保出版物导向正确。
2005 年	国务院印发的《关于深化文化体制改革的若干意见》指出:加快产权制度改革,推动股份制改造,符合条件的,经批准可申请上市。
2006 年	新闻出版总署印发的《关于深化出版发行体制改革工作实施方案》指出:积极推动有条件的出版、发行集团上市融资,做大、做强、做优。
2007 年	新闻出版总署发布《2007 年新闻出版工作要点》:第 12 条提出,要打造一批有实力、有竞争力和影响力的国有或国有控股出版发行企业和企业集团,鼓励、推介有实力的出版发行企业上市,努力打造出版发行领域战略投资者;第 14 条提出,继续推动新华书店“转企改制”和上市工作,跟踪已上市新华书店企业的经营发展状况,大力支持和帮助准备上市的出版物发行企业尽快完成上市目标。
2008 年	国务院办公厅印发的《文化体制改革中支持文化企业发展的规定》提出:通过公司制改建实现投资主体多元化的文化企业,符合条件的可申请上市;鼓励已上市文化企业通过公开增发、定向增发等再融资方式进行并购和重组;鼓励文化企业进入创业板融资。
2009 年	4 月,新闻出版总署《关于进一步推进新闻出版体制改革的指导意见》提出:积极支持条件成熟的出版传媒企业上市融资,首次提出民营资本将被吸纳参与出版行业融资;10 月,国务院出台《文化产业振兴规划》,支持有条件的文化企业进入主板、创业板上市融资,鼓励已上市文化企业通过公开增发、定向增发等再融资方式进行并购和重组。
2010 年	九部委联合发布了《关于金融支持文化产业振兴和发展繁荣的指导意见》提出:要大力发展多层次资本市场,扩大文化企业的直接融资规模,推动符合条件的文化企业上市融资,支持文化企业通过发行债券和票据等方式融资,探索开展文化产业项目的资产证券化试点,鼓励风险投资基金、私募股权基金等风险偏好型投资者积极进入新兴文化业态。

续表

时间	新闻出版投资融资出台政策梳理
2011 年	4 月，新闻出版总署发布的《新闻出版业“十二五”时期发展规划》指出：要进一步培育新闻出版骨干企业，鼓励有条件的新闻出版企业跨区域、跨行业、跨所有制经营和重组，进一步利用多种渠道融资，推动有条件的企业上市，吸收社会资本有序参与新闻出版活动；10 月，十七届六中全会通过的《中共中央关于深化文化体制改革推动社会主义文化大发展大繁荣若干重大问题的决定》提出：要创新文化产业投融资体制，支持国有文化企业面向资本市场融资，支持其吸引社会资本进行股份制改造。
2012 年	2 月，新闻出版总署印发的《关于加快出版传媒集团改革发展的指导意见》，明确了出版企业上市融资的路线图，支持出版传媒集团实现主营业务整体上市，推荐研发高新技术的出版传媒企业到创业板上市；6 月，《关于支持民间资本参与出版经营活动的实施细则》的出台进一步打通了国有出版传媒企业与民营出版传媒创意发行公司投融资合作通道，民间资本可以实现通过国有出版传媒上市企业在证券市场融资参与出版经营活动，并支持国有出版传媒企业通过上市融资的方式吸收民间资本，实现对民间资本的有序开放。
2013 年	1 月，新闻出版总署印发了《2013 年新闻出版改革发展工作要点》，总共 12 条：其中第 4 要点提出，实施出版传媒企业集团化发展战略，打造骨干企业和战略投资者，鼓励和支持出版传媒企业进行“五跨”（跨媒体、跨地区、跨行业、跨所有制、跨国界）兼并重组，培育新闻出版骨干企业和文化领域战略投资者；第 5 要点提出，要拓宽出版传媒企业融资渠道，支持出版传媒企业走向资本市场。
2014	3 月，文化部、中国人民银行、财政部发布《关于深入推进文化金融合作的意见》；4 月，国务院办公厅下发《关于印发文化体制改革中经营性文化事业单位转制为企业和进一步支持文化企业发展两个规定的通知》，其中关于“投资和融资”规定是对按规定转制的重要国有传媒企业探索实行特殊管理股制度，探索国有文化企业股权激励机制，开展股权激励试点；10 月，国家新闻出版广电总局出台了《深化新闻出版体制改革实施方案》，开展实行特殊管理股制度试点，主要是针对一些国有控股上市出版企业进行股权激励试点。
2015 年	3 月，国家新闻出版广电总局发布《关于推动传统出版和新兴出版融合发展的指导意见》，提出要用 3—5 年时间建设若干家大型新型出版传媒集团，探索以资本为纽带的出版融合发展之路，支持传统出版单位控股或参股互联网企业、科技企业，支持出版企业尤其是出版传媒集团的兼并、重组；在网络出版以及对外专项出版领域，探索实行管理股试点；鼓励支持符合条件的出版企业上市融资，促进金融资本、社会资本与出版资源有效对接。
2016 年	3 月，习近平总书记主持召开中央全面深化改革领导小组第二十二次会议，会议审议通过了《关于深化投融资体制改革的意见》，提出要深化投融资体制改革的关键是要提高效率，既要从简政放权入手，强化企业投资主体地位，又要放宽基础设施等市场准入限制，充分激发民间投资活力，同时要规范拓展政府融资渠道，让市场化的融资渠道更加丰富。

(一)内部产权/股权体系调整:产权清晰与现代企业属性放大

产权改革及其结构调整是我国新闻出版单位事业性质裂变情境下的产业属性放大。产权改革的核心就是“转企改制”和股份制改造,其目的是为了建设新闻出版产业的现代企业制度,完善法人治理结构和资本运行机制,使改制、改造后的新闻出版单位成为运作规范的现代新闻出版企业。[148]因此,自 2003 年开始,新闻出版单位的“转企改制”、股份制改造的主要目的是实现新闻出版单位的产权清晰,建立合理的产权结构,形成新闻出版产业与新闻出版事业分类管理和发展的产权/股权体系,以推动新闻出版单位规范的现代企业制度建设,打造产业战略投融资者。需要明确的是,这种产权体系只是初建或者说只是为了实现产权明晰,尚未达到产权资本运营所需要的层次与水平。

(二)外部产业市场体系优化:面向企业主导竞争型统一市场渐成

当前我国新闻出版市场正从完全的政府垄断市场转变为国有企业主导的垄断竞争型市场,这一转变为出版企业投融资行为在政府和市场之间找到了平衡点。[216]而其中的出版企业投融资行为关键在于打破按部门、行政区划和行政级次分配新闻出版资源和产品的传统体制,实现生产要素合理流动和资源优化配置;鼓励业务相近、资源相通的新闻出版企业跨媒体、跨部门、跨行业、跨地区、跨所有制进行并购或重组,[148]以形成“统一开放、竞争有序”的市场体系。长期以来,市场竞争的不统一与传统按照行政、属地管理划分形成的区域分割、行业分割、部门分割、所有制分割等问题成了新闻出版行业“转企改制”的重大障碍。通过表 3-1 我们发现,政府一直是借助行政、资本(如并购)两种手段逐步推动出版的完全竞争市场的形成,从而提高或盘活资源的运用和分配。

(三)第三方金融体系的融入:投融资渠道的拓展与模式创新

产权清晰与体系结构的优化、市场体系的确立是金融系统融入并支持新闻出版业发展的前提条件。因此，在2010年经营性新闻出版单位全部实现“转企改制”的情况下，即产权和市场体系获得根本性转变之后，九部委联合发布了《关于金融支持文化产业振兴和发展繁荣的指导意见》（以下简称《金融支持意见》），将金融系统和新闻出版投融资体系进行了有效对接。金融系统融入的主要作用就是使产业主体快速做大，拓展出版传媒集团的投融资渠道，创新其在债券、基金、股市、产权等市场内的投融资模式。

（四）新闻出版投融资体系渐成：多元化投融资方式确立

在金融系统的全面介入下，我国新闻出版市场体系不断优化，逐步形成了国资与外资、国资与民资、业内资本与业外资本、战略投资与商业投资、机构投资与个人投资等多元化新闻出版投融资结构体系。特别是2012年《关于加快出版传媒集团改革发展的指导意见》和《关于支持民间资本参与出版经营活动的实施细则》两大政策的出台，更是显示了未来两大新闻出版投融资趋势：集团化投融资趋势，借以形成我国新闻出版业的战略投资者；民间资本与国有资本合作投融资趋势。2014、2015年，新闻出版业又陆续探索特殊管理股制度试点等形式的股权改革和股权激励制度建设。

随着上述体制改革的不断深入和相关政策通道的打通，我国新闻出版投融资体制变迁验证了“政府依赖型—政府与市场协同兼顾型—市场主导多元化型”的前述制度演进。实质上，这种体制变迁也体现出一种逻辑：新闻出版企业只有内部的产权清晰了，才能面向市场进行投融资，进而推动外部市场结构的优化，建立开放、统一、有序的市场结构及优化系统，作为第三方的金融服务系统才愿意融入其中，从而实现行业面向市场发展的新闻出版投融资多元化科学体系最终形成。

二、上市与并购两种投融资方式得到体制推动与帮扶

自2001年开始，伴随着以“转企改制”和股份制改造为主导的新闻出版业体制改革的逐步深入，两种新闻出版投融资方式得到重视：

（一）上市投融资

体制改革与政策驱动是新闻出版上市融资的制度保障和牵引。1999年，成都“博瑞传播”借壳上市成功，这是国内新闻出版企业首涉股票市场；2004年，“北青传媒”在香港联交所直接上市，成为中国内地传媒第一股；2006年，上海“新华传媒”借壳上市，成为中国出版发行业第一股；2007年，四川“新华文轩”在香港联合交易所主板正式挂牌上市，实现了国内图书发行业首次进入国际资本；2007年，辽宁“出版传媒”首次实现编辑业务和经营业务以IPO方式整体上市，成为中国出版传媒第一股。截至2015年12月，我国新闻出版产业上市企业多达32家。这些具有标志性的新闻出版上市企业之所以能够上市，除了自身的运营状况、盈利能力和企业管理绩效等因素外，最主要的就是我国近16年来对新闻出版投融资的体制改革和政策驱动，尤其是近几年随着“转企改制”的完成，我国新闻出版产业“以企业为主体，以市场供求为导向”的投融资体系已经确立。新闻出版业上市融资与体制和政策的内生关系在于：新闻出版投融资体制改革及相关政策为其上市融资提供了制度保障和政策驱动。1999—2015年，出版传媒集团上市融资企业数量不断上升。

上市投融资作为资本运营的重要手段，是改制后新闻出版企业发展壮大的必经之路。目前，我国共有32家新闻出版企业上市，其中书、报刊上市公司16家，发行上市公司5家，印刷上市公司10家。

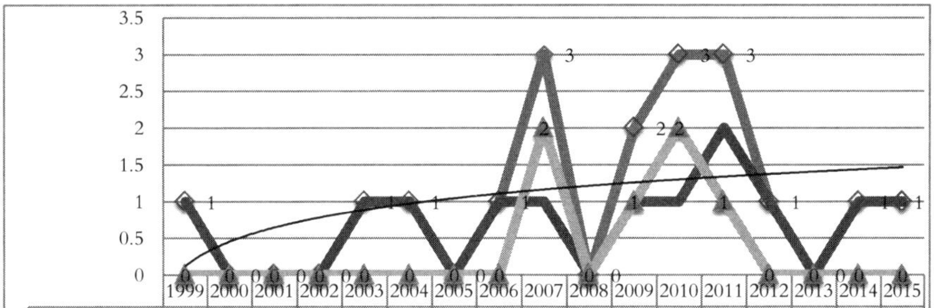

	1999	2000	2001	2002	2003	2004	2005	2006	2007	2008	2009	2010	2011	2012	2013	2014	2015
上市合计	1	0	0	0	1	1	0	1	3	0	2	3	3	1	0	1	1
借壳上市	1	0	0	0	1	1	0	1	1	0	1	1	2	1	0	1	1
IPO上市	0	0	0	0	0	0	0	0	2	0	1	2	1	0	0	0	0

图 3-1　出版传媒集团上市数量变化趋势

表 3-2　新闻出版产业上市业务类型及上市地点统计(单位:家)

业务类型	中国内地	中国香港	美 国	合 计
书、报刊出版	13	3	0	16
发行	4	1	1	6
印刷	10	0	0	10
合 计	27	4	1	32

数据来源:新闻出版总署出版产业发展司.2014 年新闻出版产业分析报告[R].2015(7).(注:2015 年 12 月,读者传媒 IPO 上市成功。)

表 3-2 数据揭示出如下主要特点:首先,我国新闻出版产业上市业务类型主要集中在书、报刊出版以及印刷上,分别占总量的 50%和 31.25%;其次,上市地点主要集中在中国内地、中国香港和美国;最后,我国新闻出版企业非内地上市地点主要集中在中国香港(联合交易所)和美国(纳斯达克),其业务类型主要为书、报刊出版与发行。

(二)并购投融资

新闻出版总署发布的《新闻出版业"十二五"时期发展规划》指出,要进一步培育新闻出版骨干企业,鼓励有条件的新闻出版企业跨区域、跨行业、跨所有制经营和重组,推动新闻出版资源适度向优势企业集中,进一步利用多种渠道融资，推动有条件的企业上市，吸收社会资本有序参与新闻出版活动。在国内，通过并购上市做强做大是中国出版企业发展壮大的一条非常重要的路径。2006 年 10 月，上海“新华传媒”借壳上市，成为我国出版发行企业中第一家 A 股上市公司。2007 年 5 月，中国新华书店第一股四川“新华文轩”在香港联合交易所主板正式挂牌上市。2007 年 12 月，由辽宁出版集团重组改制成立的辽宁出版传媒股份有限公司在上海证券交易所挂牌上市。[198]兼并、重组能有效地盘活存量资源、资产，实现资源、资产结构最优化以及效益最大化，促进新闻出版投融资在体制、转型、机制、市场、增长五个方面实现突破，具体表现为：一是加快促进出版企业完善法人治理结构，使制度设计更科学；二是促进市场空间的拓展，由所在区域的市场为主向全国乃至全球性市场拓展；三是在引入资本的同时，引进先进的管理、技术等来转换内部经营机制；四是发挥市场和资源互补优势；五是通过联合、并购、重组，形成整体对外优势，实现规模效应。因此，近几年国内新闻出版业的兼并、重组风生水起，甚至出现像凤凰传媒集团的跨国并购等情况。[199]

三、金融与社会两大资本得以与出版资本深度融合

一方面，资产剥离、产权清晰、股份制改造等一系列“转企改制”措施的实施，使得出版传媒集团得以发展为规范的现代企业主体，能够主动、积极地实施市场投融资行为，并吸引金融资本的参与。正如前述，在完成“转企改制”的情况下，九部委联合发布了《关于金融支持文化产业振兴和发展繁荣的指导意见》，有效地推动了金融资本与出版资本的深度融合。

另一方面，变化最大的就是社会资本（民间资本）的融入。社会资本（民间资本）从一开始的被排斥、被限制到现在的广泛与深度参与，实际上，它是经历了一个“身份认同”到“融入政策通道打通”的过程。比如，2009 年，新闻出版总署发布的《关于进一步推进新闻出版体制改革的指

导意见》首次提出民营资本将被吸纳参与出版行业融资，其新闻出版投融资身份首次得到认可。

2010年，国务院印发《关于鼓励和引导民间投资健康发展的若干意见》（国发〔2010〕13号）；国务院办公厅出台《关于鼓励和引导民间投资健康发展重点工作分工的通知》（国办函〔2010〕120号）；2011年，党的十七届六中全会通过了《中共中央关于深化文化体制改革推动社会主义文化大发展大繁荣若干重大问题的决定》。这些政策的密集出台，为民间资本进入我国新闻出版领域提供了非常好的发展机遇。

2012年，文化部发布《关于鼓励和引导民间资本进入文化领域的实施意见》，首次明确将文化部管理的文化领域向民间资本全面开放，进一步明确对国有文化单位和民营文化单位一视同仁的要求。[200]同年，新闻出版总署发布的《关于支持民间资本参与出版经营活动的实施细则》打通了民间资本与国有资本的投融资合作通道：民间资本可以实现通过国有出版传媒上市企业在证券市场融资参与出版经营活动，并支持国有出版传媒企业通过上市融资的方式吸收民间资本，实现对民间资本的有序开放。

第三节　微观运行机制优化：面向集团发展新闻出版投融资体制改革路径

李春生（2008）认为，新闻出版投融资体制主要包括投融资主体、投融资渠道和投融资模式三个要素。[152]这种界定比较准确地从微观运行机制的角度提出了我国新闻出版投融资体制改革路径。

一、培育和健全新闻出版投融资主体

（一）实现新闻出版投资主体多元化

新闻出版投资主体多元化主要包括：（1）投资者多元化。面向不同类

型投资者的投资要有序地开放，尤其是民间资本和外资。(2)投资主体结构多元化。我们要构建并规范境内投资与境外投资、业内投资与业外投资、国有投资与集体或民营投资、战略投资与商业投资、机构投资与个人投资等多元投资主体结构及其合理股份比例。(3)投资主体运行机制多元化。一方面，建立健全和规范不同新闻出版产业投资主体多元资本进入与退出机制；另一方面，丰富和创新出版产业战略投资者多元化引进和培育机制，注重借助并购、重组等手段培育新闻出版产业外向跨界投资。[152](4)投资主体管理多元化。一方面是投资主体业务范围的多元化。随着"转企改制"的完成，投资主体的投资业务范围基本全放开了，但是一些出版单位主营业务偏移情况也应该引起重视，特别是一些上市公司过度依赖圈钱玩资本、"讲故事"、拿项目，有的甚至去做民间借贷、风投、期货等，增加了传统行业的经营及管理风险，也有悖于国家"转企改制"壮大新闻出版主业的初衷和上市募股的主营业务承诺。本课题调研中，一些行业老总也希望课题国家能加强对出版上市公司的进一步引导和规制。另一方面就是投资主体股权多元化。目前绝大多数大型出版传媒集团都属于国有企业，因此51%的国企控股比例红线是不能突破的，但是鉴于近几年一些中小创意出版企业在资本及股权激励灵活运用方面收获的巨大效益，针对国企股权改革的呼声及国家针对性的改革在不断推进，比如前面多次提到的2014年在传媒企业中实施的特殊管理制度①试点就是一大进步。

① 特殊管理制度是指通过特殊股权结构设计，使原始股东在股份制改造和融资过程中有效防止恶意收购，并始终保有最大决策权和控制权。国际通行的特殊管理股制度主要有两种模式：一是金股制度。政府只持有一股(金股)，不干涉日常运营，没有收益权或其他表决权，但在某些重大、特殊事项上享有一票否决权。二是一股多权制度，即每股享有若干表决权，也称多权股。这种股票通常是向特定的原始股东发行，其目的在于保证原始股东对公司的控制权，以限制公司外部股东对公司的控制，或限制国外的股票持有者对本国产业的支配权。资料来源：百度百科.特殊管理股制度[EB/OL].[2016-01-15].https://baike.baidu.com/item/%E7%89%B9%E6%AE%8A%E7%AE%A1%E7%90%86%E8%82%A1%E5%88%B6%E5%BA%A6/14903264? fr=aladdin.

（二）发展新闻出版战略投资者

目前，新闻出版投资主体培育任务最重要的就是发展产业战略投资者及其向内与向外投资。所谓战略投资者，就是指具有资金、技术、管理能力、市场、人才优势，能够促进产业结构升级，增强企业核心竞争力和创新能力，提升企业产品市场占有率，致力于长期投资合作，谋求获得长期利益回报和企业可持续发展的境内外大企业、大集团。[201]

产业战略投资者的战略投资包括两种指向：(1)“向内”是指引进战略投资。出版企业在上市之前往往会向社会投资者定向发行一定量的证券，以引进战略投资者并达到募集资金的目的（即私募）。战略投资者不仅可以满足资金的需求，而且还是股权结构变革的重要支撑。(2)“向外”是指成为另一行业或企业的战略投资者。

当前，我国发展新闻出版战略投资者的主要任务是：一方面，引入战略投资者，壮大和发展产业实力，形成跨媒体、跨行业、跨地区的出版传媒集团；另一方面，促进大型国有出版传媒集团的外向型战略投资，冲破体制、机制和区域限制，实行集团对集团战略型并购、重组或者上市，快速打造一批具有资金、技术、管理能力和人才优势的战略投资者。

二、拓展新闻出版投融资渠道

现代企业投融资就是以现代金融市场为背景，运用现代金融理论所创设的金融工具融通资金，投资厂房、设备（或有价证券）等资本产品并进行制造产品、提供服务的活动（谷秀娟，2007）。[202]其金融市场结构如图3-2所示：

除投融资主体间直接的资金融通外，融资渠道还有银行、信托、基金、证券市场、产权市场等。要有序吸纳社会资本和境外资本，发挥金融、基金、股市、证券的投融资功能，建立有利于新闻出版产业发展的投融资体系。[203]就目前来看，新闻出版投融资渠道拓展主要集中在股票市场、债券

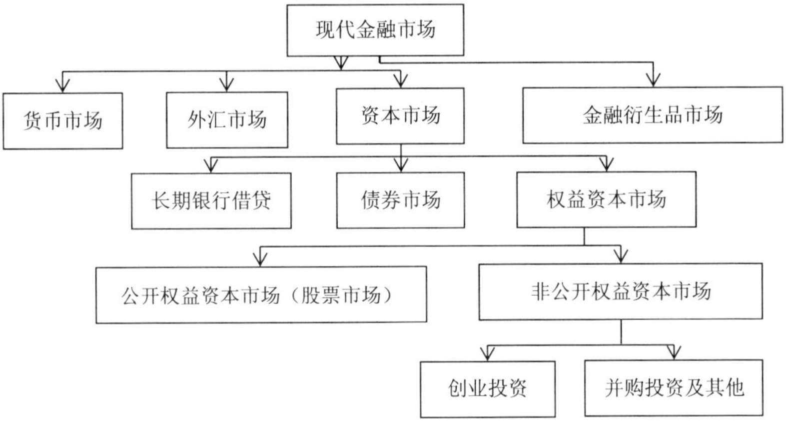

图 3-2 现代金融市场结构

资料来源：谷秀娟.现代投融资——理论、工具与策略[M].上海：立信会计出版社，2007：11.

市场、产业基金和版权市场。

(一)股票市场

股票市场是我国新闻出版投融资近几年来拓展最好、发展最快的市场。自 1999 年至今，中国出版业集团化进程已经走过了 17 个年头。期间，新闻出版单位逐步通过“转企改制”进入资本市场。由此，出版上市公司不断涌现，发展势头迅猛，并呈现两大特征：(1)我国新闻出版产业上市业务类型主要集中在出版发行、印刷与互联网出版。(2)上市地点主要集中在我国内地、美国和我国香港地区；境外上市的业务类型主要为互联网出版。[204]

(二)债券市场

在国外成熟的资本市场环境下，企业更重视从债券市场融资。[205]债券市场投融资的优势在于：债券利息一般较低，有利于降低资金成本；投融资期限灵活，出版企业可以根据资金使用能力和需要确定融资期限；出版企业通过债券融资不会给经营和管理权带来影响，也不会承担意识形态方面的风险。目前，新闻出版面向债券市场的投融资方式主要是进入股市发行债券和借助银行等金融系统发行企业债券。

（三）产业基金

在我国，产业投资基金与产业发展基金都可以简称为产业基金。2010 年的《金融支持意见》提出，鼓励风险投资基金、私募股权基金等风险偏好型投资者积极进入处于初创阶段、市场前景广阔的新兴文化业态。于是，大量的风险投资基金、私募股权基金等进入新闻出版产业。目前，发展新闻出版产业基金的关键是要找寻到适宜产业基金长期投资或回报率较高的新闻出版新业态项目，并在投融资过程中获得其资金、技术、管理及人才等资源，借以优化新闻出版单位的股权结构。

（四）版权市场

新闻出版是一个知识密集型行业，版权是新闻出版进行投融资的核心资源之一。目前，新闻出版知识产权证券化融资的难点在于：(1)质押估值难。版权等难以计量的无形资产证券化的估值困难。(2)版权资源分散。绝大多数出版社或出版集团不拥有作者作品的版权资源，这对出版单位和作者来说，都无法实现知识产权质押融资。(3)版权未来的持续盈利能力有限，因而较难实现知识产权质押融资。因此，面向版权市场拓展新闻出版投融资渠道的关键是：一方面，在管理上建立健全和规范版权评估机构或中介组织，引导其有序和健康地发展；另一方面，在企业运营上注重归属清晰的版权资源集聚及其可持续深度开发，创新版权库和有成长性或延伸性版权链的投融资模式。

三、创新新闻出版投融资模式及其优序选择

（一）创新新闻出版投融资模式

1.债券投融资模式

出版企业借助债券融资的好处是：债券利息一般低于同期银行贷款

利息，也低于同期股息和红利；出版企业通过债券融资，有利于降低资金成本，提高经济效益。债券融资期限灵活，出版企业可以根据不同需要和资金使用能力确定融资期限，合理利用资金。大型出版企业和出版集团可以通过发行长期债券筹措发展资金；小型出版企业可以根据负债能力，发行短期债券，筹措项目资金或短期需要的资金。债券融资可以保证出版企业获得的资金有较强稳定性；债权人如果想提前收回资金，可以通过债券市场交易套现，不需要债务人提前偿还。出版企业通过债券融资不会影响本企业的财产权和控制权，不会带来经营风险和政治风险。[199]

目前，新闻出版产业债券投融资模式主要是以面向股市或者银行等金融系统发行或购买债券、票据等为主要模式，具体操作应从以下两点入手：一是根据企业自身资金需求量确定发债规模；二是科学地利用财务杠杆原理，进行债券融资决策。[205]

2.私募股权投融资模式

私募股权投融资是指通过私募形式对非上市企业进行的权益性投资，在交易实施过程中附带考虑了将来的退出机制，即通过上市、并购或管理层回购等方式，出售持股获利。比如，“第一财经”原为 SMG（上海文广新闻传媒集团）全资子公司，在准备上市的过程中组建股份公司，并于 2010 年年底引进联新资本、大众资本、天正投资和成柏投资等私募股权基金，快速实现了股份制改造，降低了融资成本和风险。

3.上市投融资模式

我国新闻出版企业上市投融资模式主要包括：(1)以 2012 年我国 48 家出版传媒企业上市融资为例，其上市主要有两大方式，即借壳上市和 IPO 上市。在当年 48 家上市出版企业中，共有 10 家通过借壳方式实现上市，38 家通过 IPO 方式上市。(2)大型出版传媒集团多采用借壳方式上市。当前我国共有 10 余家借壳上市的出版传媒企业，其中有 7 家由大型出版传媒集团控股。(3)境外IPO上市的大多是互联网出版企业。2012年,我国境外上市的出版传媒企业高达21家,其中15家属于互联网出版企业。[206]

4.产业金融投融资模式

产业金融投融资活动包括三部分:(1)本质,即一个产业发展的金融整体解决方案。(2)原理,四个资本化,即资源资本化、资产资本化、知识产权资本化、未来价值资本化。(3)实现路径,即前期的资金融通、中期的资源整合和后期的价值增值(钱志新,2010)。[207]可见,发展新闻出版产业金融投融资的关键在于四个资本化:(1)资源资本化投融资。将出版单位符合政策规定的可市场化资源要素进行合理交易或转换,以实现资源市场化及优化配置。(2)资产资本化投融资。资产资本化包括出版企业的资金与实物资产的资本化,并借助流动或者抵押等方式实现出版企业的资产资本化投融资。(3)知识产权资本化投融资。新闻出版单位作为知识密集型企业,发展其知识产权资本化,对其质押融资、主营业务偏移的回归等有着重要意义。(4)未来价值资本化投融资。未来价值资本化就是将在未来才能够实现的价值,包括稳定的现金流、预期收入、未来经营权等提前实现交易,通过证券融资和债券融资等手段将其提前转化为资金资产。[208]

5.版权投融资模式

新闻出版版权投融资主要有版权质押、版权信托、知识产权证券化三种模式。

(1)版权质押。版权质押融资通常指将版权作为抵押物,从银行取得贷款,并按约定的利率和期限偿还贷款本息的一种贷款方式。最近几年其在我国影视业、动漫游戏产业等的前期拍摄资金募集中得到越来越多的应用。具体模式是:企业以未来影视版权为抵押物与银行等金融机构签订贷款合同。但版权质押融资在实际操作中有两大难点:一是版权价值很难估值;二是版权质押融资风险难以控制,尤其是第三方担保机构的风险很高。

(2)版权信托。信托作为一种有着多方风险控制优势的资产经营管理方式,最近几年被广泛引入版权投融资体系,并备受政府和银行等金融系统、中介机构(信托公司)、出版企业等多方青睐。版权信托投融资的关键是信托公司作为出版企业与银行之间的中介机构介入:出版企业把作品版权信托给信托公司,信托公司再以这部分信托资产作抵押物,协助申请贷款。由于在资金出现问题时,信托公司对信托资产有全权处置权,这样就降低了银行的风险,也降低了贷款的门槛。[209]相比版权质押融资等模式,版权信托投融资中委托人与受托人的权利义务关系更加明确,版权作为信托财产具有独立的法律地位,[210]能有效地盘活和实现版权的经营效益,保障版权人的利益和防止版权闲置,[211]也增强了信托公司的版权信托专业化程度和新业务拓展。

(3)知识产权证券化。它主要是指相关企业将作为无形资产的知识产权转换为在金融市场上可以出售的证券的行为。美国等文化产业发达国家或地区在音乐、电影等产业中大力应用了此类金融工具,取得了良好的经济效益和社会效益。[212]它具有融资成本低、实施难度小、不影响知识产权权属等优点。从国外实践发展来看,知识产权证券化已经由最初的音乐版权扩展到动漫、游戏、影视、旅游、品牌等多样化知识产权,其为产权拥有者提供了全新的融资通道,将知识资本和金融资本进行了有效融合。它的基本流程是发起人即知识产权原始权益人将其缺乏流动性但能产生可预测的现金收入流的收益权,转移给一个特设载体(SPV),由后者发行一种以该收益权所产生的现金流为支撑的、可以出售和流通的权利凭证(即证券),供投资者购买而借以融资。[213]借此投融资模式,版权等知识产权资产可以转化为证券资产价值形态,并重新分割和组合资产的流动、收益及风险。出版企业凭借特定的资产池就可进行投融资,投资者所面临的风险仅来自于 SPV 下特定的文化资产,不受创始机构运营与破产等风险的影响。[214]

6.并购、重组投融资模式

并购、重组是新闻出版投融资最常用的手段,它是做大做强出版企业的最有效手段。近年来,新闻出版产业跨地区、跨行业、跨媒体、跨所有制、跨国界的并购、重组及其经营活动非常活跃。新闻出版产业的并购、重组有多种方式,当下尤其应当重视跨媒体、跨行业、跨地区的横向并购与按产业链延伸的纵向并购相结合。借助并购、重组等投融资行为,可实现新闻出版业结构合理调整和资源优化配置,进一步催生或壮大一批大型出版传媒集团。

(二)新闻出版单位投融资模式优序选择

1.大型出版传媒集团投融资模式优序选择

结合上述研究,大型出版传媒集团投融资模式优序选择如表 3-3 所示。

表 3-3　大型出版传媒集团投融资模式优序选择

新闻出版单位类型	投融资模式优序选择	
大型出版传媒集团	债券投融资	资本市场发行债券
		金融系统发行债券、票据
	上市投融资	上市前:私募股权融资
		上市:主板上市
	并购、重组投融资	跨媒体、跨行业、跨地区的横向并购
		按产业链延伸的纵向并购
	民间资本合作投融资	契约式或合作制
		参股与控股
		并购、重组
	外资	契约式或合作制
		新建式投资

2.面向集团化发展中小出版企业投融资模式优序选择

面向集团化发展中小出版企业投融资时，要注意其自身成长周期和各种资本投融资的特征限制。其初创期多引入创业者再投资、产业基金、天使投资等投融资；成长期引入风险投资；成熟期引入私募股权；扩张期则引入并购、重组等投融资模式，具体如表3-4所示。

表3-4　面向集团化发展中小出版企业投融资模式优序选择

新闻出版单位类型	企业成长生命周期	投融资模式优序选择
中小出版企业	初创期	创业者再投资
		政府项目扶持资金
		天使投资
		众筹
	成长期	风险投资：促进其产业化
	成熟期	私募股权：创业板、中小企业板或海外上市
	扩张期	兼并和收购
		参股与控股

第四节　本章小结

本章主要对研究对象进行现状分析，以探析我国体制变迁演化与出版传媒集团投融资发展脉络。借助前述规范研究的基础，本研究主要从“宏观（制度演化）→中观（体制变迁）→微观（集团投融资运行机制）”进行分析。

首先，本研究分析了我国新闻出版投融资的三次制度演化：(1)“政府主导”的集权型投融资制度；(2)双轨制下“政府主导、市场参与”的分权型投融资制度；(3)“多元化市场”的导向型投融资制度。

其次，在2001—2015年我国新闻出版投融资出台政策梳理基础上，本研究从中观体制变迁层面分析得出了“内部产权/股权结构调整→外部市场结构优化→第三方金融系统融入→面向市场新闻出版多元化投融资系统确立”我国新闻出版投融资体制演化逻辑路线。我国新闻出版投融资体制演化验证了宏观层面的“政府依赖型—政府与市场协同兼顾型—市场主导多元化型”制度演进。实质上，这种演化的内在逻辑就是出版传媒集团只有实现内部的产权清晰，才能面向市场进行投融资，进而推动外部市场结构的优化，建立开放、统一、有序的市场结构及优化系统，作为第三方的金融服务系统才能或愿意融入，从而才能实现面向市场发展多元化投融资。

最后，本研究从投融资主体培育、投融资渠道拓展和投融资模式创新三个方面，建构面向集团化投融资的微观企业运行模式，并形成了一定的经验借鉴，提出了集团化投融资模式优序选择的建议。

第四章　机理分析：出版传媒集团投融资效率的体制变迁作用模型

第一节　假设提出及模型构建

一、假设提出

在绪论中，本研究已经在“结构（S）－行为（C）－绩效（P）”框架下，借助系统理论、新制度经济学和社会学理论等论证了本研究的核心逻辑：“制度→结构→功能→性质→体制→机制→效率/绩效”。①

按照戴维斯和诺斯（Davis & North，1971）的观点，制度环境与制度安排构成了制度的两个层次。制度环境包括正式和非正式制度，是用以建立生产、交换与分配基础的政治、法律和社会的规则集群（制度集），它主要包括法律、产权、管制和金融四大制度。在一定的制度环境之下所派生出来的制度即为制度安排。制度环境和制度安排之间的关系是：制度环

① 需要指出的是，在本研究中，我们把经济学上的效率等同于产业组织理论中的绩效。理论上讲，微观效率的提升一般会带来绩效的提高。企业投融资行为的一个目标就提高投融资效率，进而提高其投融资绩效。

境是一级制度，而制度安排则是在一级制度基础上派生出来的二级制度，新制度经济学研究更多倾向于制度安排（常明，2012）。[215]

斯科特（2008）[3]的伟大之处就是在前人对制度正式与非正式、强制与非强制等二元对立划分的基础上，引入了文化与人对制度的认同要素，即“文化—认知要素”。他对制度的三大要素的区分主要见下表：

表 4-1　制度的三大要素及其区分

区别	规制性要素	规范性要素	文化—认知要素
遵守基础	权宜性应对	社会责任	视若当然、共同理解
秩序基础	规制性规制	约束性期待	建构性图式
扩散机制	强制	规范	模仿
逻辑类型	工具性	适当性	正统性
系列指标	规制、法律、奖惩	合格证明、资格承认	共同信念、共同行动逻辑、同形
情感反应	内疚/清白	羞耻/荣誉	确定/惶惑
合法性基础	法律制裁	道德支配	可理解、可认可的文化支持

资料来源：斯科特. 制度与组织：第三版[M]. 姚伟，王黎芳，译. 北京：中国人民大学出版社，2010：3.

斯科特的制度的三要素实则指出了制度安排的结构设置，即具体的制度结构。结合我国新闻出版投融资体制改革的制度“需求—供给”特征，本研究认为新闻出版投融资的制度（安排）结构的主要特征是：(1)投融资政府规制放松；(2)企业投融资规范引导；(3)相关人员对投融资制度的文化认同。我国制度设计与行为管理学者孙绍荣（2015）认为，文化（软约束）与制度（硬约束）是行为管理的两个基本工具，二者相互补充、缺一不可，文化滋养行为，制度决定行为，二者相互配合才能实现人类社会的行为有序。[181]由上分析，提出以下假设：

H1：制度环境对投融资政府规制放松具有正向影响。

H2：制度环境对投融资规范引导具有正向影响。

H3：制度环境对投融资制度文化认同具有正向影响。

H4:投融资政府规制放松对投融资规范引导具有正向影响。

H5:投融资规范引导对投融资制度文化认同具有正向影响。

H6:投融资政府规制放松对投融资制度文化认同具有正向影响。

依据前述,在系统功能实现的元素、结构和环境三个要素中,就集团而言,元素即企业,是构成集团的基本单元;结构则是集团内各企业之间所形成的网络关系。进而分析可知,结构实则是系统功能实现的内生条件,环境则是其外生条件。一个组织的结构化是其系统功能实现的重要基础与根本保障(吴秋明等,2015)。[216]按照制度经济学的逻辑,经济组织实则是“制度安排”或“行动集团”(池泽新等,2003),[217]因此组织结构化实则是制度结构的安排形式。

柳新元(2002)也认为,制度经济学一般把制度环境视为制度变迁模型的外生变量;制度安排的功能和作用主要是激励与约束(二者属于同一种制度结构[181]);实施机制是上述约束或激励得以实施的条件和手段的总称,实施机制对于制度功能、效率的发挥是至关重要的。① 对于一个社会而言,有规则(制度)而不实施,即“有法可依”却“有法不依”,对社会的冲击会更大。[218]在前面的概念界定中,我们站在中观的立场上认为,投融资体制主要包括宏观投融资管理制度和微观市场投融资运行机制。而微观市场投融资运行机制则是由不同的市场主体来完成的,所以关于体制概念的厘清,学者孙锦涛(2009)认为,体制是社会机构(机构/组织要素)和社会规范(制度要素)两个基本要素所组成的结合体或统一体,也是非常有道理的,[18]因为社会机构(机构/组织要素)主要是社会规范(制度要素)的执行者,在实际的执行过程中,就是实施机制。因此,孙绍荣认为,制度的两个基本要素是制度规则和制度的执行者。制度规则决定制度结

① 赵理文认为,机制在社会科学研究领域是指社会有机体各部分的相互联系、相互作用的方式。资料来源:赵理文.制度、体制、机制的区分及其对改革开放的方法论意义[J].中共中央党校学报,2009(5):17-21.

构,而执行者(包括机构与设备)决定制度部件的性能。他进而提出“行为”就是指行为者在管理制度下能够根据对效用的判断做出选择,在某件事上所有的可能选择就构成了行为者的行为集。行为者进行任何行为都必须同时满足行为资源、行为效用和行为机会三个条件,因此作为制度设计者可以采取五种措施进行行为管理:(1)控制行为资源的措施;(2)控制行为回报的措施;(3)控制行为成本的措施;(4)控制行为机会的措施;(5)改变观察力度的措施。[181]在此之前的青木昌彦与奥野正宽也(1999)认为,构成体制的最小单位是各经济主体的行为。[219]

因此,机制作为体制的微观运行方式主要包括运行主体及其实施行为两个要素。正如研究基础依据诺斯的观点认为,组织和制度共同作用决定制度变迁(即本研究的体制变迁)的方向。对于本研究而言,运行主体就是出版传媒集团,但它显然是不能作为一个变量来进行测试的。本研究在前面论证过柳斌杰的制度逻辑“功能—性质—体制—机制”,由此可见性质对主体的作用。实际上,我国出版传媒集团的“转企改制”最大的改变就是“事业→企业”产业性质的转变,而产业性质在制度经济学中就是产权或股权的概念,所以我国出版业的“转企改制”会被经常性地和“股份制改造”等同论述。本研究的集团主体使用“集团股份制改造”作为变量可能备受关注。其实,类似“转企改制”、制度变迁等这些抽象变量如何进行量化研究,一直是困扰国内外学者多年的问题。经过文献整理发现,刘小玄、李利英(2005)比较早地给研究者们提供了使用“产权性质”或“股权结构”方式去进行“转企改制”、制度(体制)变迁等抽象概念的量化研究的典范。在他们看来,改制最核心的部分就是产权改革,[220]这一观点和制度经济学理论及我国出版业“转企改制”保持了逻辑和现实上的一致,后来很多学者也基本是在这两大框架下进行研究的。由于本研究对象都为大型出版传媒集团,产权性质大都一样,所以我们选择股权结构进行研究。为了区别制度结构、体制变迁等用语,本研究将该变量命名为

“集团股份制改造”。基于上述理论推导，研究提出以下假设：

H7：制度环境对投融资行为具有正向影响。

H8：制度环境对集团股份制改造具有正向影响。

H9：政府规制放松对投融资行为具有正向影响。

H10：政府规制放松对集团股份制改造具有正向影响。

H11：投融资规范引导对投融资行为具有正向影响。

H12：投融资规范引导对集团股份制改造具有正向影响。

H13：投融资制度文化认同对投融资行为具有正向影响。

H14：投融资制度文化认同对集团股份制改造具有正向影响。

H15：集团股份制改造对投融资行为具有正向影响。

依据研究基础分析，制度经济学一个重要的观点就是制度是经济增长和绩效/效率提升的重要因素，而制度总是借助制度结构安排作用于人们的经济活动，进而使其成为影响经济增长和绩效/效率提升的重要方面，因而很多学者在引入产业组织理论经典分析框架“结构－行为－绩效/效率”的基础上，构建了“制度结构－行为努力－经济绩效/效率”分析模型（罗必良，2000[221]；洪名勇，施国庆，2006[222]）。这也正是本课题分析研究的最基本逻辑，即“制度（结构）－功能－性质－体制－机制－投融资效率”，其核心是“投融资体制变迁－集团投融资行为－集团投融资效率”。

这里还有一点需要特别说明，就是制度环境与投融资效率。一方面，很多文献都论证了制度环境与投融资效率的关系，但学界在正负关系上并没有定论。按照一般的理解，制度变迁的一个目的就是实现制度环境优化，从而降低由交易费用、信息不对称等导致的效率低下的概率，但是很多学者并未得到显著的正向验证，因此才出现争议，但这里我们先提出制度环境与投融资效率正向相关。另一方面，制度环境内涵和外延的模糊性，导致很多研究对其分类也是五花八门，因此在绪论部分我们提到新制度经济学者斯科特用组织场域代替制度环境进行了研究。本研究根据需要和相关文献，将投融资制度环境分为集团内环境和集团外环境两大类，具体见问卷设置处。由上分析，研究提出以下假设：

H16：制度环境对投融资效率具有正向影响。

H17：集团股份制改造对投融资效率具有正向影响。

H18：投融资行为对投融资效率具有正向影响。

上述假设只是原假设，正如文献所述，一些关键的变量之间正、负相关关系至今也没有定论，这可能是研究方法和对象的变化所导致的。这样的话，可能一些假设设计会出现与原假设相反的备择假设。

二、理论模型建构

综上所述，我们得出本研究的概念模型，如图 4-1 所示：

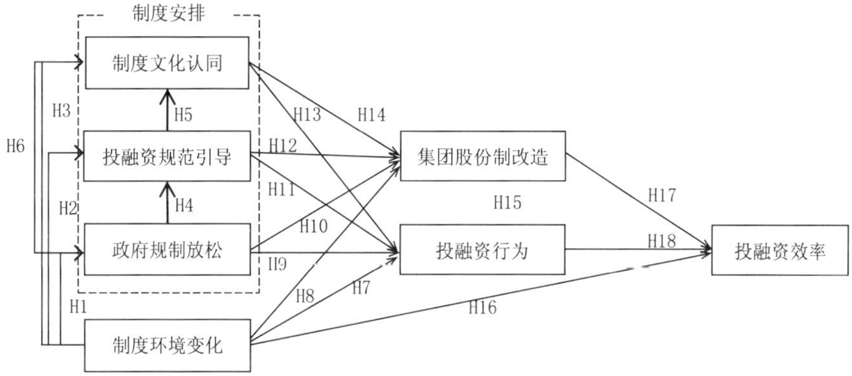

图 4-1　体制变迁对出版传媒集团投融资效率作用机理

如图所示，制度环境为控制变量或外生潜变量，其他均为内生潜变量；箭头指向表示正向影响关系。

第二节　问卷调查与模型分析

为了最终验证前述理论模型假设，本研究引入问卷调查与实证分析，以论证各要素之间的作用机理和路径关系。

一、问卷设计及数据收集

量表开发主要是对图 4-1 概念模型的 7 个分析维度进行测试项设置(平均每个维度 3—5 项,共 28 个测试项),并采用 Likert 五级量表测试。2013 年 3 至 5 月,借助 2012 年度国家新闻出版总署重点课题调研,上海世纪出版集团、上海新华发行集团、安徽出版集团等对问卷进行了初步设计与测试。2015 年 6 至 7 月,又再次对问卷进行了专家论证和初步测试。2015 年 8 月,进入实测阶段:(1)实地调研,主要用纸质问卷在上海、合肥等地进行调查;(2)网络调查,主要通过问卷星平台、微信、QQ 等进行滚雪球式调研;(3)通过参加 2015 上海书展(2015 年 8 月 19—25 日)等活动进行调查。调研及问卷发放涉及的出版传媒集团主要包括:上海世纪出版集团、上海新华出版发行集团、广州出版集团、云南出版集团、贵州出版集团、中国出版集团、凤凰出版传媒集团、安徽出版集团、浙江日报报业集团、安徽新华发行集团、合肥报业传媒集团、江西出版集团、河南出版集团、中南出版集团等。共发放问卷 200 份,回收 146 份,其中有效问卷 127 份,回收率为 73.0%,有效率为 63.5%,样本基本情况如表 4-2 所示。

表 4-2 样本基本特征

	样本特征描述	频次	比率(%)
身份	集团管理人员	102	80.3
	普通职员	25	19.7
集团登记类型	国有企业	64	50.4
	集体企业	0	0.0
	有限责任公司	4	3.1
	股份有限公司	47	37.1
	私营企业	12	9.4
	外商及港、澳、台商投资企业	0	0.0

续表

	样本特征描述	频次	比率(%)
集团业务类型	书刊出版社主体型集团	30	23.6
	新闻报业、网络等传媒主体型集团	30	23.6
	出版发行企业主体型集团	53	41.8
	技术公司主体型集团	1	0.8
	综合型集团	13	10.2
集团股份制改革完成情况	已建成	76	59.8
	转型阶段	35	27.6
	未建成	16	12.6
集团投融资动机(多选题)	扩大规模	105	82.68
	实施发展战略	92	72.44
	提高经营业绩	97	76.38
	增加股东收入	27	21.26
	盘活留存资金	39	30.71
	扩大社会影响	72	56.69
集团投融资限制因素(多选题)	主营业务成长风险性大	52	40.94
	投融资模式	48	37.80
	投融资渠道	56	44.09
	资金回报周期长	56	44.09
	现金流不稳定	11	8.66
	政策规制	95	74.80
集团投融资渠道(多选题)	银行等金融系统	98	77.17
	股票市场	64	50.39
	证券市场	39	30.71
	基金	32	25.20
	产权市场	44	34.65
	并购	76	59.84
	政府资助	76	59.84
	银行贷款	76	59.84
	留存收益	39	30.71

续表

	样本特征描述	频次	比率(%)
集团投融资方式（多选题）	发行债券	39	30.71
	上市投融资	72	56.69
	私募投融资	28	22.05
	产权市场投融资	44	34.65
集团采取上市融资的动机（非必答,多选题）	财富合法化	20	15.75
	股权激励	56	44.09
	规范公司治理	95	74.80
	股东财富倍增	32	25.20
	提升集团影响力	102	80.31
集团不愿意上市融资的动机（非必答,多选题）	不缺钱,没必要上市	16	12.60
	排队上市,所需时间长	21	16.54
	改制成本过高	11	8.66
	发审报批成功率低	11	8.66
	上市容易丧失控制权	21	16.54
集团上市融资的主要障碍（多选题）	产权清晰	57	44.88
	高素质管理层	32	25.20
	良好的发展前景	32	25.20
	规范关联交易	32	25.20
	业绩支撑	56	44.09
	同行竞争激烈	42	33.07
集团投融资主营业务（多选题）	传统出版主业板块（书、报、刊、声、光、电）	94	74.02
	新业态（数字出版）板块	89	70.08
	发行板块	61	48.03
	印务、广告、物流、酒店、物业、地产等实业板块	65	51.18
	金融板块	40	31.50
	生物制药、技术研发等高新技术板块	11	8.66

续表

	样本特征描述	频次	比率(%)
集团投融资所考虑的风险因素(多选题)	政策风险	85	66.93
	技术变动风险	52	40.94
	产品生命周期风险	64	50.39
	利率风险	21	16.54
	通胀风险	40	31.50
	财务风险	78	61.42

二、验证方法

本研究主要以 SPSS19.0 和 AMOS21.0 作为问卷数据分析工具:一是借助 SPSS19.0 软件对问卷数据进行信度和效度检验;二是运用 AMOS21.0 对修正概念模型进行拟合优度分析与结构方程估计,从而检验原假设。

三、数据检验

(一)信度检验

由表 4-3 的测量结果可见,问卷变量 Cronbach's α 系数均大于 0.7 的一般标准要求,这表明潜变量具有较好的信度,能满足研究需要。本研究首先对上述每组潜变量的测试进行了因子分析的初测,以检测其与各自潜变量的一致性归属,最终剔除 3 项因子不显著的选项,保留有效的 25 个测试项进行分析,其结果显示:*KMO* 值为 0.873,Bartlett's 检验的显著性为 0.0000。这表明,数据适合进行因子分析,旋转后(采用方差最大法)因子载荷和累计方差贡献率见表 4-4。由表 4-4 可知,旋转后因子载荷均大于 0.5、累积方差贡献率达 90.261%(在 80%以上),其结果与量表对这些测试项的分类结果吻合。

表 4-3 信度分析表

变量		题项编号	测试题项	Cronbach's α
集团股份制改造		S1	股份制改造有利于形成产权清晰的集团投融资主体	0.923
		S2	股权多元化有利于出版传媒集团投融资	
		S3	股份制改造推进了集团现代公司治理制度的形成	
集团投融资行为		B1	集团投融资资本和资源丰富	0.735
		B2	体制改革会提高集团投融资效果(如主体壮大、渠道拓展和模式创新)	
		B3	体制改革产生了大量的投融资机会	
制度环境变化		C1	政府宏观管理引导了集团投融资发展	0.934
		C2	市场竞争拉动了集团投融资发展	
		C3	金融系统完善支持了集团投融资发展	
		C4	法制体系健全保障了集团投融资发展	
		C5	集团发展内驱力推动了集团投融资发展	
制度安排	政府规制放松	G1	政府对集团投融资介入逐步淡化	0.850
		G2	政府对集团投融资政策激励加大	
		G3	政府对集团投融资服务质量逐步提升	
	投融资规范引导	N1	集团对于市场投融资规范自觉遵守逐步提升	0.933
		N2	集团对于行业投融资规律自觉遵守逐步提升	
		N3	集团对于自身投融资义务自觉遵守逐步提升	
	投融资制度文化认同	I1	现行投融资制度安排是明智的	0.915
		I2	现行投融资制度安排是合理的	
		I3	现行投融资制度安排是科学的	
投融资效率		R1	投融资体制改革扩大了集团的总体经济规模	0.915
		R2	投融资体制改革扩大了集团的社会影响	
		R3	投融资体制改革提高了集团年度总收入增长率	
		R4	投融资体制改革提高了集团市场份额增长率	
		R5	投融资体制改革提高了集团资产周转率	

表 4-4　旋转后的因子载荷和累积方差贡献率

变量		题项编号	因子载荷	累积方差贡献率(%)
集团股份制改造		S1	0.772	25.981
		S2	0.883	
		S3	0.636	
集团投融资行为		B1	0.888	49.366
		B2	0.831	
		B3	0.584	
制度环境变化		C1	0.587	64.395
		C2	0.599	
		C3	0.643	
		C4	0.508	
		C5	0.569	
制度安排	政府规制放松	G1	0.745	74.845
		G2	0.728	
		G3	0.771	
	投融资规范引导	N1	0.769	82.591
		N2	0.577	
		N3	0.775	
	投融资制度文化认同	I1	0.781	86.749
		I2	0.850	
		I3	0.744	
投融资效率		R1	0.852	90.261
		R2	0.914	
		R3	0.793	
		R4	0.652	
		R5	0.623	

(二)效度检验

量表的效度检测包括内容效度和构建效度测量两方面。在内容效度方面,由于本研究所设计的问卷主要以国内外相关理论研究为基础,参考了大量以往该研究领域内的成熟量表和测试指标项设置，在设计过程中采纳了专家的意见和建议，并于2013年3至5月借助国家新闻出版广电总局年度重点课题行业调研对问卷进行了前期论证，后期又进行了严格的测试、修正、完善并最终确定，因此，本研究测量量表具有较好的内容效度。

构建效度主要包括收敛效度和区别效度，[223]本研究主要是借助验证性因子分析进行检验。根据费耐尔和拉克尔（Fornell & Larcker，1981）[224]的观点，评估收敛效度与区别效度的标准共有3项：(1)所有标准化因子载荷量大于0.5；(2)组合信度系数大于0.7；(3)平均提炼方差（AVE）大于0.5（李峰等，2012）。[225]由表4-5可知，量表所有题项的标准化因子载荷量都介于0.720～0.950，均大于0.5的标准要求；组合信度系数介于0.797～0.938，均大于0.7的标准要求；平均提炼方差（AVE）都介于0.605～0.835，均大于0.5的标准要求。可见，量表具有较好的结构效度。

表4-5　验证性因子检验结果

变量	题项编号	因子载荷量	测量误差值	组合信度系数	AVE
集团股份制改造	S1	0.720	0.482	0.821	0.605
	S2	0.830	0.311		
	S3	0.780	0.392		
集团投融资行为	B1	0.720	0.482	0.821	0.605
	B2	0.830	0.311		
	B3	0.780	0.392		
制度环境变化	C1	0.920	0.154	0.812	0.752
	C2	0.830	0.311		
	C3	0.850	0.278		
	C4	0.810	0.344		
	C5	0.920	0.154		

续表

变量		题项编号	因子载荷量	测量误差值	组合信度系数	AVE
制度安排	政府规制放松	G1	0.840	0.294	0.920	0.794
		G2	0.950	0.098		
		G3	0.880	0.226		
	投融资规范引导	N1	0.910	0.172	0.938	0.835
		N2	0.890	0.208		
		N3	0.940	0.116		
	投融资制度文化认同	I1	0.940	0.116	0.916	0.785
		I2	0.790	0.376		
		I3	0.920	0.154		
投融资效率		R1	0.720	0.482	0.797	0.616
		R2	0.830	0.311		
		R3	0.780	0.392		
		R4	0.800	0.360		
		R5	0.790	0.376		

上述所有检验表明，本研究测量量表具有较高的信度和效度。

四、概念模型结构方程及拟合优度分析

结构模型测量主要是检测概念模型拟合结果与原假设概念模型的符合程度。本研究首先运用 AMOS22.0 对概念模型进行拟合，结果如表4-6所示：

表 4-6　假设结果检验

路径关系	标准化系数	P 值	假设检验结果
制度环境→政府规制放松	0.24	***	H1：支持原假设
制度环境→规范引导	0.22	***	H2：支持原假设
制度环境→制度文化认同	0.17	***	H3：支持原假设

续表

路径关系	标准化系数	P 值	假设检验结果
政府规制放松→规范引导	0.31	***	H4:支持原假设
规范引导→制度文化认同	0.20	***	H5:支持原假设
政府规制放松→制度文化认同	0.18	***	H6:支持原假设
制度环境→投融资行为	−0.31	***	H7:支持备择假设
制度环境→集团股份制改造	0.36	***	H8:支持原假设
政府规制放松→投融资行为	0.34	***	H9:支持原假设
政府规制放松→集团股份制改造	0.22	***	H10:支持原假设
规范引导→投融资行为	0.26	***	H11:支持原假设
规范引导→集团股份制改造认同	−2.21	0.025	H12:未支持原假设
制度文化认同→投融资行为	−0.20	***	H13:支持备择假设
制度文化认同→集团股份制改造	0.23	***	H14:支持原假设
集团股份制改造→投融资行为	0.55	***	H15:支持原假设
制度环境→投融资效率	0.32	***	H16:支持原假设
集团股份制改造→投融资效率	0.18	***	H17:支持原假设
投融资行为→投融资效率	0.29	***	H18:支持原假设

注:*** 表示 $P<0.001$ 水平显著。

由表 4-6 的拟合结果可见,原假设 H12 没有获得支持,也就是说数据拟合结果不支持规范引导对集团股份制改造认同产生正向影响。所以,本研究参照陈伟等(2013)[226]简化 AMOS 模型的方法进行模型限制,主要是通过删除或者限制部分路径以使模型结构更加简洁。修正结构模型拟合结果如图 4-2 所示,修正后的模型可识别性有了较大提高。[227]

修正后结构模型拟合较好,各项拟合度均达到了理想标准(如表 4-6 所示),H1、H2、H3、H4、H5、H6、H7、H8、H9、H10、H11、H13、H14、H15、H16、H17、H18 等假设均通过检验(其中 H7、H13 通过备择假设检验)。因此,本研究选定该模型作为体制变迁对出版传媒集团投融资效率作用机理修正模型。模型拟合优度分析具体见表 4-7。

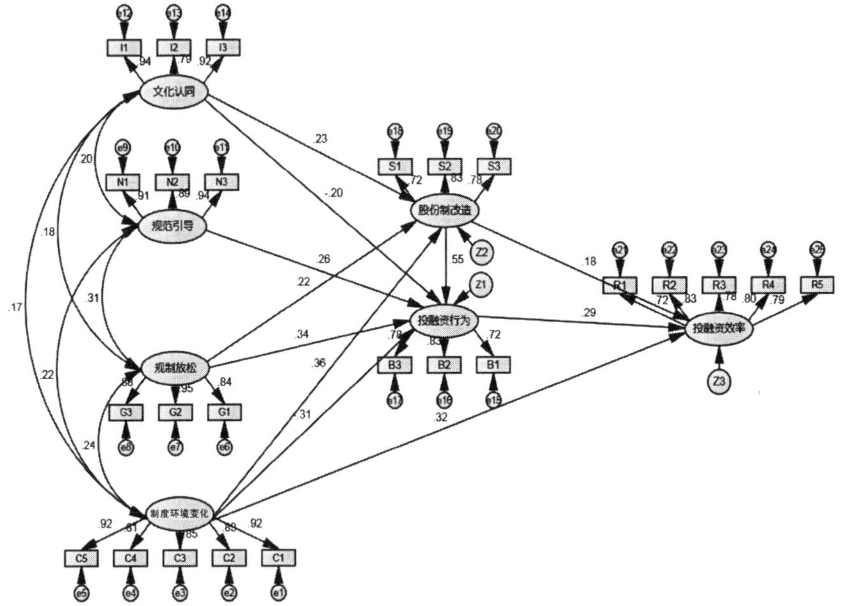

图 4-2　体制变迁对出版传媒集团投融资效率作用机理修正模型

表 4-7　模型拟合优度分析

拟合指标	指标值	标准及拟合结果
卡方自由度比值 x^2/df	1.951	＜2,符合要求
近似误差均方根 RMSEA	0.039	＜0.05,符合要求
拟合优度指数 GFI	0.953	＞0.9,符合要求
调整拟合优度指数 AGFI	0.926	＞0.9,符合要求
相对拟合指数 CFI	0.956	＞0.9,符合要求
标准拟合指数 NFI	0.972	＞0.9,符合要求
非规范拟合指数 NNFI	0.914	＞0.9,符合要求

为了更好地了解图 4-2 各变量之间的关系,本研究进一步比较了结构模型中各潜在变量之间的直接效应、间接效应(中介效应)和总体效应,见表 4-8。

表 4-8 结构模型中各潜在变量之间的间接效应、直接效应和总体效应

潜在因变量	潜在自变量	间接效应	直接效应	总体效应
制度文化认同	制度环境	0.102	0.170	0.272
	政府规制放松	0.062	0.180	0.242
	规范引导	N.A.	0.200	0.200
规范引导	制度环境	0.074	0.220	0.294
	政府规制放松	N.A.	0.310	0.310
政府规制放松	制度环境	N.A.	0.240	0.240
股份制改造	制度环境	0.149	0.360	0.509
	政府规制放松	0.230	0.220	0.450
	规范引导	0.460	N.A.	0.460
	制度文化认同	N.A.	0.230	0.230
投融资行为	制度环境	0.151	−0.310	−0.159
	政府规制放松	0.110	0.340	0.450
	规范引导	0.496	0.260	0.756
	制度文化认同	0.264	−0.200	0.064
	股份制改造	N.A.	0.550	0.550
投融资效率	制度环境	0.155	0.320	0.475
	政府规制放松	0.109	N.A.	0.109
	规范引导	0.258	N.A.	0.258
	制度文化认同	0.175	N.A.	0.175
	股份制改造	0.160	0.180	0.340
	投融资行为	N.A.	0.290	0.290

注：N.A.表示数据不可获得。

第三节 研究发现

第一，由上述分析可见，除了 H12 未通过检验，H7、H13 通过备择假设检验外，其余各项假设均通过检验，表明体制变迁对出版传媒集团投融资效率作用机理修正模型拟合优度较好，能较好地反映体制变迁的各要素对出版传媒集团投融资效率的影响。

第二，体制变迁核心制度各要素之间的关系显著。作为一级制度的制度环境变化成了整个模型中重要的控制变量，并对制度安排的三要素（政府投融资规制放松、投融资规范引导和人对制度的文化认同）产生了显著影响；同时，研究也发现制度安排三要素之间的互动关系，从而得出，体制变迁的完善首先需要实现制度结构、体系或者系统的完善，既要关注硬制度建设，也要重视道德、文化等软制度建设。

第三，研究发现投融资主体（出版传媒集团）自身建设及其投融资运行机制，即投融资行为是承载了制度与投融资效率的重要中介变量。

第四，通过投融资制度变化和投融资制度文化认同两个变量与集团投融资行为的负相关，研究发现，“转企改制”后的出版传媒集团对于传统的投融资制度路径的依赖仍然存在，所以需要加快通过优化其内外部环境和转变观念认知来推动出版传媒集团面向市场投融资发展。

第五，投融资规范引导与集团股份制改造关系不显著，这表明我国出版传媒集团投融资体制变迁和面向市场投融资发展是由强制性变迁主导的。

第四节　本章小结

一、理论意义

第一，本研究借助问卷调查，进行探索性因子分析和验证性因子分析的实证分析，就体制变迁对出版传媒集团投融资效率作用机理修正模型进行了实用性框架对接，构建了七大分析维度及其测量量表，为后继的相关研究提供了一定的研究方法参照和研究工具准备。

第二，本研究验证了体制变迁的内涵要素及其对投融资效率的影响路径。

第三，本研究验证了前人关于制度结构及内涵要素的关联与互动关系。

二、实践价值及启示

第一，对于新闻出版管理者和制度设计者来说，研究建构的修正模型，能够帮助其快速找到制度建设的弱点，从而为加快市场建设和结构调整提供借鉴。

第二，对于出版传媒集团等运行主体来说，修正模型能帮助其找到介于管理与市场之间的切入点和相关方法，从而为其提高投融资效率提供理论支撑。

第三，对于金融系统、中介组织等服务主体来说，修正模型能让其观测到管理主体与运行主体之间的作用机理及关系变化，感知管理主体的管理(制度)测定维度与制度绩效，掌握出版传媒集团等运行主体的投融资动机、限制要素、渠道、方式、风险等方面的现状及其投融资行为方式、着力点，从而增加与二者对接、融合的意愿和概率。

三、研究不足与展望

由于一些客观条件限制，本研究尚存在以下几点不足：

第一，由于调研和回收的难度大，本研究的有效样本量虽达到统计与研究标准，但无论是总量还是覆盖面都没有达到理想要求。

第二，问卷调查本身固有的缺点，例如被调查者的参与意愿、知识素养、专业化程度、理解能力等个体因素，都会直接影响调查的效果。

因此，基于上述不足，后续研究应将样本卷入度增大、调研对象参与度与参与意愿提升、调研环境改善等因素纳入详细考虑，并尽可能地提高调研的可控性和回收率。

第五章　经验数据验证:上市出版传媒集团投融资效率评价与关系实证

有学者认为(曹普,2007),新时期新闻出版投融资改革初现于20世纪70年代改革开放后文化事业单位对“书刊发行第二渠道、有偿服务、‘以文补文’活动”等形式的商业活动尝试。[①] 90年代,随着一批新闻出版集团的组建,出版传媒集团化与“双轨制”下的多元化经营得以展开。2003年“全国文化体制改革试点工作”启动,新闻出版业则成了改制的领头羊;而更大的体制突破则是2006年“新华传媒”转企上市成功,标志着出版业面向资本市场投融资跨出了一大步。

自2003年启动“文化事业与文化产业两分开”的具有实质性意义的文化体制改革,到2010年经营性出版单位“转企改制”完成,中国出版业在投融资方面同时推动了三件事:(1)推动经营性出版单位的产权清晰与股份制改造,以使其能进行市场投融资;(2)推动“小而弱”集团面向“大而强”发展;(3)推动出版业面向市场多元化投融资体系完善。从规模和性质上看,新闻出版单位可分为两类:大型出版传媒集团(多为国有)与中小型出版企业(多为民间或私有)。显然,“转企改制”

① 曹普.20世纪70年代末以来的中国文化体制改革[J].当代中国史研究,2007(5):99-107.

主要是面向集团进行的。

历经10余年改革，新闻出版投融资体制改革在宏观制度、中观体制和微观企业集团运行机制三个层面均取得显著成效。依据绪论部分“出版传媒集团产业主体地位奠定”的论述可见，出版传媒集团真正成为国内新闻出版业的主力军，其规模已经发展到120余家。根据官方发布的2010—2015年《新闻出版产业分析报告》测算，119家出版传媒集团资产总额均值为4608.2亿元，占比（出版发行全行业，后同）均值为77.05%；主营业务均值为2450.1亿元，占比均值为61.45%；利润总额均值为206.6亿元，占比均值为50.03%；特别是19家上市出版传媒集团（实则是出版传媒集团控股的子公司上市，行业中一般惯称集团上市或上市集团）的表现更为突出，借助上市，有些甚至快速跃升为世界级企业集团：在“2016全球出版业排行”全球50强中，中国共有5家集团位列其中，其中中南出版传媒集团、凤凰出版传媒集团已连续两年位列前10强，[①]而它们旗下的“中南传媒”与“凤凰传媒”上市公司凭借5—6年的股市投融资推动了集团跨越式发展。尤其是上市投融资，经过体制改革后的10余年发展已颇具规模：在波云诡谲的2015年股市，37家境内外出版传媒上市公司仍取得了市值4986.6亿元的好成绩，同期增长88.0%；其中32家内地上市公司市值6096.0亿元，同期增长102.7%。[②]

综上论述，可梳理出本研究逻辑技术路径：我国文化体制改革的“转企改制”是由出版行业率先开始的，具有行业代表性与典型性；出版业“转企改制”的核心目标之一是经营性出版单位“事企分开”及对其进行资产剥离、产权清晰、股份制改造等，进而推进投融资体制改革，构建面向市场多元化的投融资体系；投融资体制改革主体是面向大型集团；集团上市企

① 魏申巴特.2016全球出版业排名报告概述[EB/OL].[2016-08-26].http://www.bookdao.com/article/268260/.

② 国家新闻出版广电总局.2015年新闻出版产业分析报告摘登[J].中国出版，2016(16)：3-10.

业是我国出版业“转企改制”的重大体制突破与成功标杆,也是集团投融资活动的主阵地和最能代表集团投融资活动的典范。因此,基于数据的可获取与可靠性,本研究以集团上市企业数据衡量集团的投融资效率乃至整个出版业投融资体制改革取得的成效。

在我国国有企业(包括新闻出版业)体制改革中,“转企上市”一直被视为“转企改制”获得成功的重大标志,主要是因为其在产权清晰、现代企业制度建设等国企“转企改制”核心目标上完成得最彻底。“转企上市”实质上是一种最重要的新闻出版投融资体制变迁,或者说是一个标志性的阶段,而出版传媒集团已成为新闻出版产业的主体。因此,本研究将以上市经验数据来进行体制变迁与出版传媒集团投融资效率的关系验证。

第一节　出版传媒集团上市投融资模式与规模

一、出版传媒集团上市两大方式:借壳上市和IPO上市

出版传媒集团上市一般通过“转企改制”所形成的国有独资或国有控股企业上市。因此,“出版传媒集团上市”或“上市出版传媒集团”只是人们的习惯称呼,实则是出版传媒集团旗下的企业上市。后续研究会使用“出版传媒集团上市企业”或“出版传媒集团企业上市”这种更具体的称呼。

(一)借壳上市和IPO上市比对分析

借壳上市是指拟借壳公司利用反向收购壳公司进行重新配置,通过资产置换的方式将部分资产注入已上市的壳公司实现间接上市。借壳上市的一般做法是:第一步,集团公司预先收购一家上市公司并获得对其的控制权,即完成买壳;第二步,集团公司以股权置换的方式,将所购得的上市公司的原来资产进行剥离,然后注入自己的资产,从而实现集团公司的

上市。[228] IPO(Initial Public Offering)即首次公开募股,是指企业利用合法渠道,通过证券交易所首次公开向投资者发行股票募集资金的过程。就上市方式而言,二者各有优势和不足,从上市过程、广告效应、政策环境、融资效果等方面进行对比分析,具体见表5-1。

表5-1 借壳上市与IPO上市优劣对比

方式	借壳上市	IPO上市
优势	节省审核时间,降低募集费用	发行的同时实现快速融资,且融资规模大
	不需要信息披露,能有效保护商业机密	路演推介时能产生巨大的广告效应,更易获得投资者的认同和信赖
	利于解决企业和投资者的风险承担和利益分配分歧	符合当前外部政策环境,"核准制"和"保荐制"的推出大大缩短了上市周期
	能较快实现低成本筹措资金	促进公司法人治理结构和治理机制的建立,以形成规范的现代企业制度
劣势	买壳成本高,且存在难以预估的风险	申请程序复杂,审批严格
	壳资源资产重组、债务处理较麻烦	审核过程漫长,不确定性程度高
	壳公司股价异动容易遭受冷处理,从而导致借壳失败	国内市场缺乏完善的退市机制,上市融资风险大
	融资持续能力不高,二次融资效果难以预测	股票发行费用高,定价难度大

资料来源:根据上交所、深交所股票上市规则及百度文库相关资料整理而成。

(二)出版传媒集团多以借壳方式上市

截至目前,在19家出版传媒集团控股上市企业中,共有10家是通过借壳方式上市的,部分控股集团详情见表5-2。如上海"新华传媒"的借壳上市,2004年,当时的上海新华发行集团明确了股改"三步走"战略:"国有独资→国有多元混合所有制→实现上市"。最开始的设计是实现IPO上市。2005年4月,新华发行集团已经选择好了券商,并做好了上市准备。但是,同年5月,证券市场启动股权分置改革,导致所有的新股发行都暂停了。因此,新华发行集团只能选择"借壳"。[229]

表 5-2　出版传媒集团借壳上市统计

出版传媒集团	股票名称
上海新华发行集团	新华传媒(借壳“S 华联”)
成都日报报业集团	博瑞传播(借壳“四川电器”)
浙江日报报业集团	浙报传媒(借壳“ST 白猫”)
安徽出版集团	时代出版(借壳“科大创新”)
中原出版传媒集团	大地传媒(借壳“＊ST 鑫安”)
江西出版传媒集团	中文传媒(借壳“＊ST 鑫新”)
长江出版传媒集团	长江传媒(借壳“＊ST 源发”)
青岛出版集团	城市出版(借壳“青岛碱业”)
广州日报报业集团	粤传媒(借壳“清远建北”)
财讯传媒集团	财讯传媒(借壳“国基资讯”)

二、我国新闻出版传媒集团上市投融资模式分析

上市投融资模式的选择直接关系到新闻出版企业能否成功上市。

(一)分拆上市与整体上市模式

根据上市公司业务打包方式的不同，可以分为分拆上市和整体上市两种模式。分拆上市是在出版产业上市融资探索时期常用的上市模式，但是遗留问题很多，不利于企业长远发展；整体上市才能最大限度地发挥出版传媒的自身优势，并已成为主流上市模式。

1.分拆上市

广义的“分拆上市”是指未上市的集团公司将部分业务从母公司独立出来单独上市；或是已上市公司将部分业务或者某个子公司独立出来，另行公开招股上市。[230] 2007 年以前上市的出版传媒企业，尤其是大型出版传媒集团，基本上都是分拆上市，这与我国传媒业长期处于高度管制之下密切相关，并且国家对于采编等内容性业务把关严格。在市场经济体制下，传媒业有了新的发展，将广告、发行、出版等经营性业务分离开来，注

入上市公司，拓展融资渠道，是符合当时国家政策环境下谋求发展的合理选择的，但是分拆上市的运作成本损耗大、信息不透明和关联交易等弊端使得分拆上市必将被整体上市所替代。

2.整体上市

传媒的整体上市，主要是不再将采编与经营分拆，而是完整地将集团一体化上市。2007年，出版产业政策终于突破瓶颈，不再要求将编辑业务与经营性业务拆分，而是鼓励整体上市。作为出版传媒企业，内容和经营具有很强的互补性，缺一不可，整体上市是必然趋势。当年，辽宁出版集团成了国内第一家整体上市的出版企业：2004年，辽宁出版集团开始股份制改造，其上市目标地点是香港；2007年，公司发现国内的股市逐步健全，选择在A股上市收益更加可观，因此改变了初衷，最终按照上市公司标准和现代出版产业制度重组改制，建立了辽宁出版传媒股份有限公司，并在国内出版业首家实现编辑业务和经营业务以IPO方式整体在上交所上市，也被称为“中国出版传媒第一股”。[229]

对于出版传媒企业来说，整体上市并非完美，因为这主要会带来国有资本的控股权问题。有学者建议，我国出版产业上市融资应设置上世纪八九十年代西方国家企业改制过程的“黄金股”(Golden Share)(亦称“特权优先股”)：“黄金股”的权力主要体现在否决权，而不是受益权或其他表决权；“黄金股”通常只有一股，几乎没有实际经济价值；原则上由政府(通常是行业主管部门或财政部)持有股份设置“黄金股”的国有企业，即使将国有股份100%公开转让，变为民营甚至外资企业后，政府仍可通过“黄金股”对企业行使管理控制。[231]美国《标准公司法》(2002)和英国新《公司法》(2006)都允许实行类别股份制度，即优先股制度或特殊股制度，规定特定股东在股息、表决以及清算等方面享有特别权利。正如前述，2014年4月，国务院办公厅下发了《关于印发文化体制改革中经营性文化事业单位转制为企业和进一步支持文化企业发展两个规定的通知》，其中关于

"投资和融资",规定对按规定转制的重要国有传媒企业探索实行特殊管理股制度;同年10月,国家新闻出版广电总局出台了《深化新闻出版体制改革实施方案》,开始实行特殊管理股制度试点,以有资质的国有出版单位拥有特殊管理股为前提,允许符合条件的非公有制企业参与网络原创出版业务,给予非公有制文化企业对外专项出版权。实施特殊股的国有传媒企业/集团可缓解国有出版传媒的体制制约,加强对国有出版传媒的国家掌控力,所形成的多元化与分散式股权结构有利于增强国有出版传媒活力,并有利于建立健全出版传媒市场的准入与退出机制,推动建立健全多层次出版产品和要素市场。[232]

(二)主板上市、中小企业板及创业板上市

企业上市融资都应选择相适应的资本市场,目前三大主流股票市场分别是主板市场、中小企业板市场及创业板市场。主板市场也称一板市场,是一个国家或地区证券发行、上市及交易的主要场所。中小企业板市场是主板市场的组成部分,现行法律法规、发行上市标准与主板一致,但是运行独立、监察独立、代码独立、指数独立,服务对象为符合主板市场发行上市条件的中小规模企业,逐步形成未来创业板市场的初始资源。创业板市场俗称二板市场,主要面向中小型公司、新兴企业尤其是高新技术企业,旨在支持不符合主板上市要求但成长性较高的中小型企业。三者之间上市要求的区别如表5-3所示。

表5-3　主板、中小板与创业板上市要求区别

市场	主板、中小板	创业板
主体资格	依法设立且合法存续的股份有限公司	依法设立且持续经营3年以上的股份有限公司
经营年限	持续经营3年以上	持续经营3年以上

续表

市场	主板、中小板	创业板
财务要求	最近3个会计年度净利润均为正数且累计超过3000万元。 最近3个会计年度经营活动产生的现金流量净额累计超过5000万元，或者最近3个会计年度营业收入累计超过3亿元。 最近一期不存在未弥补亏损。 最近一期无形资产占净资产的比例不高于20%。	最近两年连续实现盈利，最近两年净利润累计超过1000万元，且持续增长；或者最近一年实现盈利，且净利润不少于500万元，最近一年营业收入不少于5000万元，最近两年营业收入增长率均不低于30%。 最近一期不存在未弥补亏损。 最近一期净资产不少于2000万元。
股本要求	发行前股本总额不少于3000万元，发行后的股本总额不少于5000万元。	发行后的股本总额不少于3000万元。
业务要求	完整的业务体系，直接面向市场独立经营的能力。 最近3年主营业务、董事和高级管理人员无重大变动，实际控制人没有变更。	应当主要经营一种业务。 最近两年主营业务、董事和高级管理人员没有重大变动，实际控制人没有变更。
公司管理	董事会下设战略、审计、薪酬委员会，各委员会至少指定一名独立董事会成员担任委员。 至少1/3的董事会成员为独立董事。	具有完善的公司治理结构，依法建立健全股东大会、董事会、监事会以及独立董事、董事会秘书、审计委员会制度，相关机构和人员能够依法履行职责。

资料来源：根据上交所、深交所股票上市规则及百度文库相关资料整理而成(http://wenku.baidu.com/view/df3da2d4b14e852458fb57ea.html)。(注：除新发行股本一般小于3000万元外，中小板与主板的上市要求没有区别。)

(三)境内上市与境外上市模式

1.境内上市

境内上市是指在我国上交所和深交所上市。企业在香港发行上市的融资成本一般为筹集金额的20%，在美国为筹资金额的13%～18%，在新加坡为筹资金额的8%～10%，而在国内一般为3%～5%。[233]境内上市的集资能力和集资规模都比境外大；出版企业在境内上市市盈率高，可以筹集到更多的资金。通常来说，股票IPO发行市盈率方面，香港主板市场低于内地主板市场30%左右，香港创业板市场低于内地中小板市场

45%；新加坡主板市场和创业板市场差不多分别比国内市场低 50%和 60%。[234]由于文化上的认同感和主要营业场所所在地的原因，境内上市时更容易获得投资者的认同感，本地证券交易所辐射内地市场的广告效应也要比境外市场更深入。[235]当然，境内上市也存在很多问题，比如 IPO 条件古板、退市机制不成熟、股市不稳定、股价容易被炒作等，例如“北青传媒”本有发行 A 股的计划，可是与《北京青年报》的关联交易比重不符合当时国内的上市要求；“新华文轩”筹备上市时刚好碰上国内资本市场不景气。

2.境外上市

香港、美国是国内出版传媒企业境外上市的主要地区。香港证券市场集东西金融理念大成，市场成熟、资本雄厚，是内地传媒企业上市的最佳选择之一。根据香港交易所的发行规则，新股发行青睐中小投资者，且超额认购后还会启动回拨（绿鞋）机制，资金募集目标便容易实现。内地优质公司常能获得超额认购，“北青传媒”达到 422 倍，“新华文轩”获超额认购 120 倍。[236]创业板因为规则较宽松、业绩要求低等原因，股价相对较低。香港市场没有像内地 A 股一样关于增发、发债方面的严格限制，通过收购壳公司上市后短期内便可募集资金，但募集规模要比首发上市小很多。所以对于业务稳定、成长性好的中小传媒，收购上市也是选择之一。[237]

美国上市的出版传媒企业主要选择的是纽交所和纳斯达克。金融危机后，海外交易所频频向我国企业抛出橄榄枝。为吸引优质的上市资源，世界各大交易所都不同程度地对中国互联网企业上市门槛和规则进行调整，使上市变得更加容易，这也是海外上市热潮出现的重要原因。比如美国纳斯达克，专门吸收有发展前景的中小企业上市，而且要求条件较低，上市步骤简单，效率非常高。[238]

但也应当看到，境外上市也需要承担较大的风险。首先，境外上市的认可度不高，资本市场的自由化程度高，股价波动较大，要承受双重法律约束；其次，境外上市容易导致企业被外资影响或控制，从而可能导致涉及意识形态和文化上的危机；最后，由于经济体制上的差异，境内外财务管理及资本市场运作机制有着较大差异，容易产生双方信息交流的不通畅。数据显示，2011 年中国传媒企业在美国股市遭遇停牌、退市、跌破发行价等问题，仅 3—5 月，至少有 18 家企业被停牌或退市，其中 8 家是传媒类企业，占 45% 左右的比例，涉及印刷、广告、视频、网络等多个领域。[239]

综上研究可见，我国新闻出版企业上市的政策引导方向应是：

第一，支持符合条件的大型出版传媒集团境内主板上市。大型出版传媒集团往往成立时间较长、规模庞大、资金雄厚、科技领先、收益稳定，具有较强的核心品牌竞争力和国际影响力，相对而言比较符合境内主板上市的要求，并且能够有效发挥资本市场的资源配置功能。无论从国家政策出发，还是从企业自身的经营状况和发展方向考虑，目前大型出版传媒集团在境内主板上市将是首选，也比较容易获得政府的支持。

第二，鼓励和引导中小型出版企业在中小企业板市场及创业板市场上市。满足主板市场的上市要求，但又不具备和大型出版传媒集团在股市抗衡的中小型出版企业，政府鼓励其在中小企业板市场上市，并注重引导成长性较好、具有发展潜力的中小型公司、新兴企业尤其是高新技术新闻出版企业到创业板市场上市，着重培养企业的诚信度、执行力和创新能力。

第三，推动新兴出版（互联网出版）骨干企业境外上市。新兴出版产业的骨干企业，如互联网出版企业，应鼓励其到境外上市，这也符合中国企业走出国门、进入国外资本市场发展壮大的产业发展战略。相对而言，境外资本市场发展成熟、证券交易市场选择多样、具有完善的上市和退市机制、准入门槛低、审核时间短等优势条件都为新兴出版产业资本运作提供了便利。此外，境外上市还可以提高我国新兴出版产业的国际知名度，并便于其借鉴国外最先进的资本运作模式及吸收现代企业管理经验。

三、我国上市出版传媒集团规模

截至目前,我国共有 19 家出版传媒集团成功实现了上市,主体是书报刊和发行两大类出版传媒集团。

表 5-4　上市出版传媒集团及其 2014 年流通市值比较(单位:亿元人民币)

集团类型	股票名称	股票代码	控股方	上市时间及方式	流通市值
书报刊集团	中南传媒	601098	湖南出版投资控股集团有限公司	2010,IPO	298.14
	凤凰传媒	601928	江苏凤凰出版传媒集团有限公司	2011,IPO	273.83
	浙报传媒	600633	浙报传媒控股集团有限公司	2011,借壳	206.29
	中文传媒	600373	江西出版集团公司	2010,借壳	157.93
	时代出版	600551	安徽出版集团有限责任公司	2009,借壳	81.99
	博瑞传播	600880	成都博瑞投资控股集团有限公司/成都商报社	1999,借壳	78.84
	出版传媒	601999	辽宁出版集团有限公司	2007,IPO	57.79
	长江传媒	600757	湖北长江出版传媒集团有限公司	2012,借壳	44.60
	粤传媒	002181	广州传媒控股有限公司	2007,借壳	33.49
	大地传媒	000719	中原出版传媒投资控股集团有限公司	2011,借壳	17.63
	城市出版	600229	青岛出版集团有限公司	2014,借壳	—
	读者传媒	603999	读者出版传媒股份有限公司	2015,IPO	—
	北青传媒	HK1000	北京青年报社(集团)	2004,IPO	7.39
	现代传播	HK00072	现代传播集团	2009,IPO	5.88
	财讯传媒	HK00205	财讯传媒集团有限公司	2003,借壳	4.60
	南方出版传媒	601900	广东省出版集团	2016,IPO	
发行集团	新华传媒	600825	上海新华发行集团	2006,借壳	151.24
	皖新传媒	601801	安徽新华发行(集团)控股有限公司	2010,IPO	111.80
	新华文轩	HK00811	四川新华发行集团	2007,IPO	55.16

资料来源:[1]国家新闻出版广电总局.2014 年新闻出版产业分析报告[R].2015(7);[2]同花顺网站,http://www.10jqka.com.cn/.

由表5-4可见，2014年19家上市出版传媒集团流通市值总额达到1586.6亿元（除去城市出版，2014年12月借壳上市成功，尚未进行出版传媒主营经营），占到31家出版发行和印刷上市公司合计2601.8① 亿元的60.98%。可见，从股市流通市值来看，出版传媒集团上市企业仍占据了所有出版发行和印刷上市公司的主体地位。

第二节 效率评价模型构建、指标选取与数据标准化

一、DEA-BCC模型构建

DEA模型对制度研究的意义在于，它彻底改变了制度研究的方法：从传统的经验研究转向实证量化研究。基于相对效率分析的理念，DEA（Data Envelopment Analysis）方法由美国查恩斯（Charnes）、库伯（Cooper）和罗兹（Rhode）三位学者在1978年提出，其核心思想是在决策单元（DMU）的多项投入与产出指标基础上，通过运用数学线性规划和模型解构的方法计算出某决策单元（DMU）相对其他决策单元（DMU）的相对效率值。[240]他们的模型假定规模报酬不变（这也是其最大的缺点），这一模型通常被称为CRS模型或CCR模型。

1984年，班克（Banker）、查恩斯（Charnes）和库伯（Cooper）提出了规模报酬可变模型相对CCR模型的修正模型，即规模报酬可变效率模型VRS模型或BBC模型，认为技术效率可以分为纯技术效率和规模效率。考虑到我国新闻出版投融资体制改革及出版传媒集团自身投融资发展，规模报酬不变是不可能的。因此，BCC模型更适合我们的研究需要。实质上BCC模型相对于CCR模型，就是增加了凸性假设：$n' * \lambda = 1$，其公式

① 以2014年12月31日收盘价计算，31家出版发行和印刷上市公司股市流通市值合计2601.8亿元人民币，较2013年同期增加860.9亿元，增长49.5%。资料来源：国家新闻出版广电总局.2014年新闻出版产业分析报告[R].2015(7).

表达为：

$$\min\theta_0$$

$$\text{s.t.}\begin{cases}\sum_{j=1}^{n}X_j\lambda_j \leq \theta_0 X_0\\ \sum_{j=1}^{n}Y_j\lambda_j \leq Y_0\\ n' * \lambda = 1\\ \lambda_j \geq 0, j=1,\cdots,n\end{cases} \quad \text{（公式 5-1）}$$

需要说明的是，BCC 模型求到的效率值为技术效率（综合效率）（TE），它分为纯技术效率（PTE）和规模效率（SE），公式表达为：

$$TE = PTE * SE \quad \text{（公式 5-2）}$$

因此，公式 5-1 中 θ_0 作为 DMU 的目标函数的有效值：当 $\theta_0 = 1$ 时，表示 DMU 为 DEA 有效，$\theta_0 < 1$ 则表示 DMU 为 DEA 无效。或者说，当 SE ＝ 1 时，表示规模有效率；当 SE ＜ 1 时，表示规模无效率。[241]

二、评价指标体系选取及数据标准化处理

DEA 模型主要包括 CCR 和 BCC 两种形式，而在具体分析的过程中又分为投入导向型和产出导向型。投入导向型主要是在保持产出不变的情况下，通过降低投入量提高 DMU 效率；产出导向型是通过投入不变尽可能地增加产出来提高 DMU 效率。对于本研究而言，因出版传媒集团投融资对技术、人力、资产等成本要素较敏感（成本最小化），所以研究采用投入导向型的分析更加有效和可控。

在前述研究中，我们将投融资本身视为一种“投入－产出”过程。结合大多数相关研究指标设计，本研究投入、产出指标如表 5-5 所示：

表 5-5 出版传媒集团投融资效率投入/产出评价指标

类型	指标
投入指标	总资产/万元
	主营业务成本/万元
	人力成本:员工总数/个
产出指标	净利润/万元
	主营业务收入/万元
	每股收益/元

DEA 模型运作的两个实践要求是:(1)投入、产出指标值不能为负数;(2)企业样本量要大于或等于“投入+产出”种类数的 2 倍。本研究在我国 19 家上市出版传媒集团中剔除了不符合标准的 4 家,最终保留了 15 家,时间段选取 2011—2015 年①,具体见表 5-6。

表 5-6 出版传媒集团上市企业样本

代码	出版传媒集团上市企业
1	中南传媒
2	凤凰传媒
3	浙报传媒
4	中文传媒
5	时代出版
6	博瑞传播
7	出版传媒
8	长江传媒
9	大地传媒
10	新华传媒
11	皖新传媒
12	新华文轩

① 如前所述,我国经营性新闻出版单位“转企改制”主要完成时间为 2010 年年底,所以研究对象的时间起点为 2011 年。

续表

代码	出版传媒集团上市企业
13	粤传媒
14	北青传媒
15	现代传播

为了保证量纲一致和标准化过程的负值出现，我们首先对 2011—2015 年 15 家出版传媒集团上市企业数据进行无量纲化或标准化整理，选取阈值法[0.1,09]归一化处理，其公式如下[242]：

$$X_{ij}=0.1+0.8\times\frac{x-x_{\min}}{x_{\max}-x_{\min}} \qquad \text{（公式 5-3）}$$

公式(5-3)中，$i=1,2,\cdots,m$；$j=1,2,\cdots,n$；$X_{ij}\in[0.1,09]$

本研究数据主要来自国泰君安数据服务中心(CSMAR)、同花顺网站及 2011—2015 年各公司年报。

第三节　出版传媒集团上市企业投融资效率评价

一、横向分析：DEA－BCC 模型效率评价

根据以上所获得的数据，选用 DEAP 2.1 软件，采用 Input Orientated 计算方法(Slacks Calculated Using Multi-stage Method)计算各个 DMU 的技术效率、纯技术效率、规模效率以及规模收益状况，如表 5-7 所示。

表 5-7　2011—2015 年出版传媒集团上市企业投融资技术效率

DMU	Crste	Vrste	Scale	规模收益阶段
1.中南传媒	0.988	1	0.988	drs
2.凤凰传媒	1	1	1	—
3.浙报传媒	1	1	1	—

续表

DMU	Crste	Vrste	Scale	规模收益阶段
4.中文传媒	1	1	1	—
5.时代出版	0.949	0.949	1	—
6.博瑞传播	1	1	1	—
7.出版传媒	0.876	0.944	0.929	irs
8.长江传媒	1	1	1	—
9.大地传媒	0.88	0.881	0.999	drs
10.新华传媒	0.903	0.958	0.942	irs
11.皖新传媒	0.952	0.953	0.999	irs
12.新华文轩	0.989	1	0.989	drs
13.粤传媒	1	1	1	—
14.北青传媒	1	1	1	—
15.现代传播	1	1	1	—
均值(mean)	0.969	0.979	0.99	

注:Crste（技术效率）、Vrste(纯技术效率)、Scale（规模效率）;"—"表示规模收益不变,"drs"表示规模收益递减,"irs"表示规模收益递增。

首先,Crste（技术效率)均值为0.969,效率值有效(效率值≥1)的企业数达8家,占比为53.33%。可见,我国15家出版传媒集团上市企业投融资总体效率较高。

其次,从Vrste(纯技术效率)来看,其效率值有效的达到了10家,占比为66.67%。这说明我国大多数出版传媒集团上市企业内部的管理和决策水平较高;同时,这组数据也间接反映了体制改革的引导作用。

再次,从Scale（规模效率)来看,其效率值有效的达到了9家,占比为60%。这说明,半数以上的出版传媒集团上市企业借助投融资实现了企业规模效率的提升。

最后,从基于投入导向的多阶段分析所得规模收益(rs)来看,3家传媒集团上市企业实现规模收益递增,占比为20%;9家企业实现规模收益不变,占比为60%;3家企业出现规模效益递减情况,占比为20%。

上述数据说明，我国出版传媒集团上市企业规模收益总体情况平稳但增长有限。因此，为了实现更多企业规模效益递增，大多数上市企业仍面临着如何从技术、经营、管理、要素组合、专业化等方面提高效率的问题。

二、纵向分析：Malmquist 指数效率评价

DEA-BCC 模型使用截面数据来进行横向对比分析，并不能反映时间上的纵向对比。为了探索新闻出版投融资体制改革对出版传媒集团投融资效率的动态影响，研究引入 Malmquist 指数，即使用距离函数进行线性运算，以期实现多个输入、输出变量的 Tfpch（全要素生产率）的效率衡量。[243]借鉴其他学者的界定，研究将 t 和 t+1 时期的 Malmquist 指数定义为[244]：

$$M(x^{t+1},y^{t+1},x^t,y^t)$$
$$=\sqrt{\left[\frac{D^t(x^{t+1},y^{t+1})}{D^t(x^t,y^t)}\times\frac{D^{t+1}(x^{t+1},y^{t+1})}{D^{t+1}(x^t,y^t)}\right]}$$
$$=\frac{D^{t+1}(x^{t+1},y^{t+1})}{D^t(x^t,y^t)}\times\sqrt{\left[\frac{D^{t+1}(x^{t+1},y^{t+1})}{D^t(x^t,y^t)}\times\frac{D^t(x^t,y^t)}{D^{t+1}(x^t,y^t)}\right]} \quad \text{（公式 5-4）}$$
$$=Ech\times Tch$$

$Ech=\frac{D^{t+1}(x^{t+1},y^{t+1})}{D^t(x^t,y^t)}$表示 t 到 t+1 时期的效率变化；

$Tch=\sqrt{\left[\frac{D^{t+1}(x^{t+1},y^{t+1})}{D^t(x^t,y^t)}\times\frac{D^t(x^t,y^t)}{D^{t+1}(x^t,y^t)}\right]}$表示 t 到 t+1 时期的技术变化。

(1)$M_{t,t+1}>1$，表示 Tfpch（全要素生产率）从 t 到 t+1 时期保持递增；

(2)$M_{t,t+1}=1$，表示 Tfpch（全要素生产率）从 t 到 t+1 时期保持不变；

(3)$M_{t,t+1}<1$，表示 Tfpch（全要素生产率）从 t 到 t+1 时期保持递减。

表 5-8　集团上市企业 DEA-Malmquist 2011—2015 年纯技术效率(VRS)值描述统计

DMU	2011				2012				2013				2014				2015			
	t−1	t	t+1	VRS	t−1	t	t+1	VRS	t−1	t	t+1	VRS	t−1	t	t+1	VRS	t−1	t	t+1	VRS
1	0	0.988	1.083	1	0.964	1	1.001	1	1.015	1	1.17	1	1.082	1	0.973	1	1.102	1	0	1
2	0	1	1.088	1	1.006	1	1.078	1	1.094	1	1.164	1	1.041	1	0.932	1	1.077	0.986	0	0.987
3	0	1	1.495	1	0.48	0.82	0.837	0.821	1.379	1	1.804	1	1.006	1	0.939	1	1.326	1	0	1
4	0	1	1.078	1	1.086	1	1.27	1	1.163	1	1.194	1	1.107	1	0.929	1	1.204	1	0	1
5	0	0.949	1.045	0.949	0.876	1	0.957	1	1.092	1	1.018	1	1.354	1	1.018	1	1.197	1	0	1
6	0	1	1.57	1	0.821	1	1.076	1	1.138	1	1.62	1	0.938	1	0.881	1	1.387	0.932	0	0.962
7	0	0.876	0.936	0.944	0.703	0.769	0.759	0.925	0.799	0.779	0.764	0.915	0.818	0.794	0.735	0.964	1.559	0.968	0	0.968
8	0	1	1.928	1	0.861	0.969	0.991	0.987	0.952	0.931	0.903	0.94	0.971	0.928	0.865	0.945	1.343	1	0	1
9	0	0.88	1.064	0.881	0.81	1	0.942	1	1.876	1	2.009	1	1.08	1	0.984	1	1.108	1	0	1
10	0	0.903	0.966	0.958	0.775	0.794	0.794	0.921	0.807	0.807	0.815	0.919	0.769	0.78	0.712	0.901	1.36	0.865	0	0.894
11	0	0.952	1.075	0.953	0.916	1	0.989	1	1.166	0.987	1.26	1	1.047	1	0.955	1	1.142	0.985	0	1
12	0	0.989	1.109	1	0.944	1	0.997	1	1.036	1	1.021	1	1.044	1	0.936	1	1.114	0.971	0	0.984
13	0	1	2.423	1	0.791	0.91	0.914	0.922	0.94	0.94	1.289	0.955	0.905	1	0.859	1	0.801	0.73	0	0.888
14	0	1	1.971	1	0.746	1	1.304	1	0.745	0.717	0.711	1	0.705	0.686	0.637	1	1.815	1	0	1
15	0	1	1.273	1	0.772	0.958	0.955	1	0.973	0.95	0.965	1	0.952	1	0.865	1	2.417	1	0	1
均值	0	0.969	1.34	0.979	0.837	0.948	0.991	0.972	1.078	0.941	1.181	0.982	0.988	0.946	0.881	0.987	1.33	0.962	0	0.979

注：第一年的 t－1 均值和最后一年的 t+1 均值缺失。

(一)2011—2015 年出版传媒集团上市企业纯技术效率(VRS)

借助 DEAP 2.1 软件，采用 Input Orientated Malmquist DEA 计算方式，研究得到 2011—2015 年出版传媒集团上市企业纯技术效率(VRS)表，如表 5-8 所示。

依据表 5-8，按照 t－1、t、t＋1 三个时间段划分，以均值比较可见，2011—2015 年，15 家出版传媒集团上市企业每年的纯技术效率基本都处于上升状态，且每一年较前一年也都基本实现了效率值的攀升。这说明，体制变迁对出版传媒集团投融资效率的提升作用明显。依据表 5-8 比较统计发现：

表 5-9　2011—2015 年集团上市企业纯技术效率(VRS)值比较

DMU	2011	2012	2013	2014	2015	均值
1	1	1	1	1	1	1.000
2	1	1	1	1	0.987	0.997
3	1	0.821	1	1	1	0.964
4	1	1	1	1	1	1.000
5	0.949	1	1	1	1	0.990
6	1	1	1	1	0.962	0.992
7	0.944	0.925	0.915	0.964	0.968	0.943
8	1	0.987	0.94	0.945	1	0.974
9	0.881	1	1	1	1	0.976
10	0.958	0.921	0.919	0.901	0.894	0.919
11	0.953	1	1	1	1	0.991
12	1	1	1	1	0.984	0.997
13	1	0.922	0.955	1	0.888	0.953
14	1	1	1	1	1	1.000
15	1	1	1	1	1	1.000
均值	0.979	0.972	0.982	0.987	0.979	0.980

所谓的纯技术效率（VRS）是将规模效率要素剔除后的技术效率，因此它通常被认为最能代表和反映制度建设、管理水平所带来的效率。实质上，它正好吻合了本研究体制变迁/改革（一种软实力）对出版传媒集团上市企业投融资效率的影响。由表 5-9 可以看出，2011—2015 年，每年实现投融资效率有效企业的占比分别为 66.67%、66.67%、73.33%、80.0%、60.0%，呈不断上升趋势；其中，中南传媒、中文传媒、北青传媒、现代传播 4 家一直保持纯技术效率值为 1，说明制度和管理水平所带来的投融资效率较好，但其总占比仅为 26.67%；2011—2015 年所有上市企业纯技术效率的均值为 0.980，未达到有效值 1，说明 5 年中纯技术效率在微小波动中下降了 2%，未能推动集团上市企业投融资效率的提升。由此可知，未来集团上市企业投融资效率要想得到提升，需要进一步加大外部制度建设，提高企业内部的技术、管理、资本结构、专业化水平等。

（二）规模效率分析

进一步分解运算 2011—2015 年 t 到 t+1 的 Malmquist 指数（共计 4 年），如表 5-10 所示。

规模效率=技术水平/纯技术效率。规模经济对于企业投融资效率的影响，即企业规模大小对投融资效率的影响为：规模效率变化指数（sech）>1，说明企业处于规模效率递增阶段，会提升企业的投融资效率；规模效率变化指数（sech）<1，说明企业处于规模效率递减阶段，会降低企业的投融资效率；规模效率变化指数（sech）=1，说明企业处于规模效率不变阶段，企业规模达到企业投融资效率变化的需要，所以有学者认为规模效率值越靠近 1 表示效率越高。[①] 依据表 5-10，统计得出 2011—2015 年集团上市企业规模效率，如表 5-11 所示。

---

① 朱乃平，孟姝婧，韩文娟. 我国出版业上市公司投资效率评价研究[J]. 中国出版，2014(23)：59-62.

表 5-10　2011—2015 年集团上市企业投融资 Malmquist 指数统计

DMU	2011—2012(第二年)					2012—2013(第三年)					2013—2014(第四年)					2014—2015(第五年)				
	effch①	tech	pech	sech	tfpch	effch	tech	pech	sech	tfpch	effch	tech	pech	sech	tfpch	effch	tech	pech	sech	tfpch②
1	1.012	0.938	1	1.012	0.949	1	1.007	1	1	1.007	1	0.962	1	1	0.962	1	1.064	1	1	1.064
2	1	0.962	1	1	0.962	1	1.007	1	1	1.007	1	0.946	1	1	0.946	0.986	1.083	0.987	0.998	1.067
3	0.82	0.626	0.821	1	0.513	1.219	1.163	1.218	1	1.418	1	0.747	1	1	0.747	1	1.188	1	1	1.188
4	1	1.004	1	1	1.004	1	0.957	1	1	0.957	1	0.963	1	1	0.963	1	1.139	1	1	1.139
5	1.054	0.892	1.054	1	0.94	1	1.068	1	1	1.068	1	1.153	1	1	1.153	1	1.084	1	1	1.084
6	1	0.723	1	1	0.723	1	1.029	1	1	1.029	1	0.761	1	1	0.761	0.932	1.3	0.962	0.969	1.212
7	0.878	0.925	0.98	0.896	0.812	1.013	1.019	0.99	1.024	1.033	1.019	1.025	1.053	0.968	1.044	1.219	1.32	1.005	1.213	1.608
8	0.969	0.679	0.987	0.983	0.658	0.96	1	0.953	1.008	0.96	0.997	1.038	1.005	0.992	1.035	1.078	1.2	1.058	1.019	1.294
9	1.137	0.818	1.135	1.001	0.93	1	1.411	1	1	1.411	1	0.733	1	1	0.733	1	1.061	1	1	1.061
10	0.88	0.955	0.961	0.915	0.84	1.017	0.999	0.997	1.02	1.016	0.966	0.988	0.981	0.985	0.955	1.109	1.312	0.992	1.118	1.455
11	1.05	0.901	1.049	1.001	0.946	0.987	1.093	1	0.987	1.079	1.013	0.906	1	1.013	0.917	0.985	1.101	1	0.985	1.085
12	1.011	0.917	1	1.011	0.927	1	1.02	1	1	1.02	1	1.011	1	1	1.011	0.971	1.107	0.984	0.987	1.075
13	0.91	0.599	0.922	0.987	0.545	1.034	0.997	1.036	0.998	1.031	1.063	0.812	1.047	1.016	0.864	0.73	1.131	0.888	0.822	0.825
14	1	0.615	1	1	0.615	0.717	0.893	1	0.717	0.64	0.958	1.018	1	0.958	0.975	1.457	1.399	1	1.457	2.038
15	0.958	0.796	1	0.958	0.762	0.992	1.013	1	0.992	1.005	1.053	0.968	1	1.053	1.019	1	1.672	1	1	1.672
均值	0.979	0.823	0.994	0.984	0.808	0.996	1.045	1.013	0.983	1.045	1.005	0.935	1.006	0.999	0.939	1.031	1.211	0.992	1.038	1.258

① 技术效率变化指数(effch)分解为纯技术效率变化指数(pech)、规模效率变化指数(sech)。

② 全要素生产率指数(tfpch),即 Malmquist 指数分解为技术效率变化指数(effch)、技术进步指数(tech)。

表 5-11　2011—2015 年集团上市企业规模效率

DMU	2011—2012	2012—2013	2013—2014	2014—2015	均值
1	1.012	1.000	1.000	1.000	1.003
2	1	1	1	0.998	1.000
3	1	1	1	1	1.000
4	1	1	1	1	1.000
5	1	1	1	1	1.000
6	1	1	1	0.969	0.992
7	0.896	1.024	0.968	1.213	1.025
8	0.983	1.008	0.992	1.019	1.001
9	1.001	1	1	1	1.000
10	0.915	1.02	0.985	1.118	1.010
11	1.001	0.987	1.013	0.985	0.997
12	1.011	1	1	0.987	1.000
13	0.987	0.998	1.016	0.822	0.956
14	1	0.717	0.958	1.457	1.033
15	0.958	0.992	1.053	1	1.001
均值	0.984	0.983	0.999	1.038	1.001

如表 5-11 均值统计可见，从规模效率变化指数（sech）来看，2011—2015 年，共有中南传媒等 6 家上市企业实现了规模效率递增，占比为 40%；6 家指数值为 1，表示 40%的集团上市企业保持规模效率不变；另有 3 家指数值低于 1，表示 20%的集团上市企业出现规模效率递减。这组数据说明，上市投融资确实使一部分集团规模壮大。2011—2015 年，所有上市企业规模效率均值为 1.001，平均增长率为 0.1%，说明集团上市企业正处于规模效率递增阶段，但是总体来看，增长幅度有限。

（三）2011—2015 年出版传媒集团上市企业效率 Malmquist 指数分析

1.2011—2015 年集团上市企业投融资效率 Malmquist 指数分解

在表 5-10 基础上，研究对 2011—2015 年集团上市企业投融资效率

Malmquist 分解指数走势进行绘图,如图 5-1 所示。

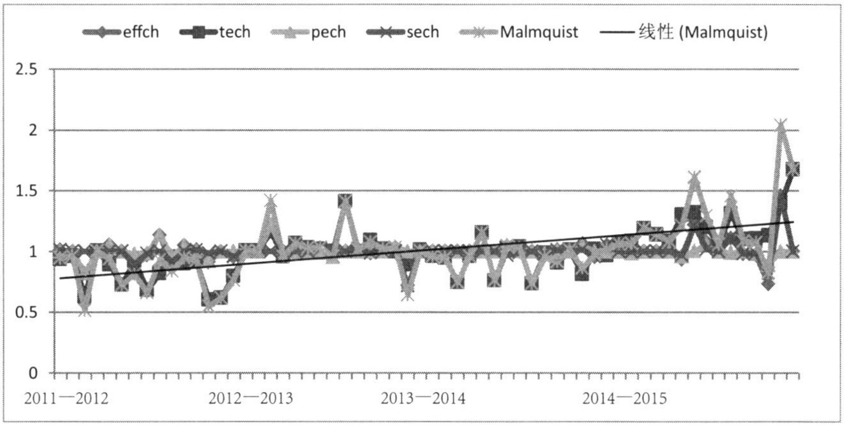

图 5-1　2011—2015 年集团上市企业投融资效率 Malmquist 指数分解走势

由图 5-1 可见,Malmquist 分解指数如技术效率变化指数(effch)(纯技术效率变化指数〈pech〉、规模效率变化指数〈sech〉)、技术进步指数(tech)在 2011—2015 年的走势紧密交织,这说明,这些指数所代表的作用要素密切相关并对集团上市企业投融资效率产生影响。通过对 Malmquist 指数添加线性趋势线发现,2011—2015 年 Malmquist 指数呈上升趋势,说明集团上市企业全要素生产率指数(tfpch)或投融资效率处于递增阶段。

2.2011—2015 年集团上市企业投融资效率[①]总均值分解

研究进一步对 2011—2015 年集团上市企业投融资效率 Malmquist 指数总均值分解及走势进行绘图,如图 5-2 所示。

由图 5-2 可见,Malmquist 分解指数如技术效率变化指数(effch)(纯技术效率变化指数〈pech〉、规模效率变化指数〈sech〉)、技术进步指数

① Malmquist 指数代表全要素生产率指数(tfpch),它所反映的是所有投入和产出之间的关系,即对技术进步、组织创新、经营管理水平、专业化、要素组合等的综合反映。

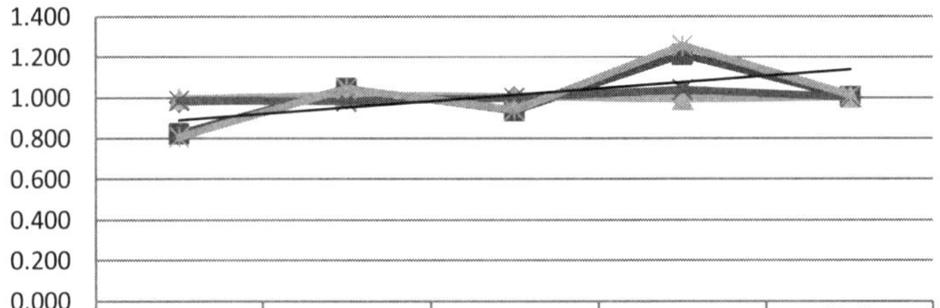

	2011-2012	2012-2013	2013-2014	2014-2015	均值
effch	0.979	0.996	1.005	1.031	1.003
tech	0.823	1.045	0.935	1.211	1.004
pech	0.994	1.013	1.006	0.992	1.001
sech	0.984	0.983	0.999	1.038	1.001
Malmquist	0.808	1.045	0.939	1.258	1.013

图 5-2　2011—2015 年集团上市企业投融资效率 Malmquist 指数总均值分解

(tech)2011—2015 年 4 个年度均值均大于 1(效率值有效),并均呈上升趋势。

首先,技术效率变动指数(effch)。如图 5-2 所示,2011—2015 年技术效率变动指数分别为 0.979、0.996、1.005、1.031,呈不断递增趋势,均值为 1.003,实现了效率值有效。这说明“转企改制”后,出版业投融资体制改革确实为出版传媒集团上市企业带来了投融资效率的提升,并使其处于不断递增状态。

其次,技术进步指数(tech)。如图 5-2 所示,2011—2015 年技术进行指数分别为 0.823、1.045、0.935、1.211,均值为 1.004,整体走势略有起伏。这说明“转企改制”后,出版传媒集团在技术创新实现上还不是很稳定,并对整个投融资技术效率产生了一定影响。

再次,纯技术效率变化指数(pech)和规模效率变化指数(sech)。进一步分析,如图 5-2 所示,2011—2015 年纯技术效率变化指数分别为 0.994、1.013、1.006、0.992,均值为 1.001,而规模效率变化指数则分别为 0.984、0.983、0.999、1.038,均值为 1.001,两者变动均值都非常接近 1,这说明集团上市企业投融资技术效率提升很快。

最后，全要素生产率（Malmquist 指数）略有起伏，但总体保持上升趋势。

3.2011—2015 年单个集团上市企业投融资效率 Malmquist 指数均值分解

借助表 5-10，研究对 2011—2015 年单个集团上市企业投融资效率 Malmquist 指数分解均值进行统计，借以对单个集团上市企业投融资效率 Malmquist 指数均值分解情况及其作用要素进行更清晰的观测，如表 5-12 所示。

表 5-12　2011—2015 年单个集团上市企业投融资效率 Malmquist 指数均值分解

DMU	effch	tech	pech	sech	Malmquist
1	1.003	0.993	1.000	1.003	0.996
2	0.997	1.000	0.997	1.000	0.996
3	1.010	0.931	1.010	1.000	0.967
4	1.000	1.016	1.000	1.000	1.016
5	1.014	1.049	1.014	1.000	1.061
6	0.983	0.953	0.991	0.992	0.931
7	1.032	1.072	1.007	1.025	1.124
8	1.001	0.979	1.001	1.001	0.987
9	1.034	1.006	1.034	1.000	1.034
10	0.993	1.064	0.983	1.010	1.067
11	1.009	1.000	1.012	0.997	1.007
12	0.996	1.014	0.996	1.000	1.008
13	0.934	0.885	0.973	0.956	0.816
14	1.033	0.981	1.000	1.033	1.067
15	1.001	1.112	1.000	1.001	1.115
均值	1.003	1.004	1.001	1.001	1.013

如表 5-12 所示：

首先，技术效率变化指数(effch)，测度 t 到 t+1 时期的效率值每个DMU 在技术、管理、决策等方面的前沿竞争“追赶效应”。该指标通常用来反映企业管理与决策水平优劣。由表 5-12 可见，9 家企业效率值超过1，说明“转企改制”的 5 年来 60%的集团上市企业实现了投融资技术效率的提升；1 家(占比 6.7%)企业保持效率不变；5 家(占比 33.3%)企业出现了投融资技术效率下滑的情况，这说明体制改革引发的前沿竞争“追赶效应”已经形成。

其次，从技术进步指数(tech)来看，共有 7 家指数值超过 1，这表示共有 46.7%的集团上市企业实现了技术创新或技术进步。这也说明，投融资体制改革对将近一半的出版传媒集团上市企业技术进步或技术创新作用显著。从某种角度来说，这也是出版传媒集团面向数字出版转型成功的一个验证。

最后，结合表 5-12 和前面论述我们可以看出，2011—2015 年Malmquist 指数有 9 家大于 1(指数值有效)，占比为 60%，其代表 2011—2015 年集团上市企业的全要素生产率不断进步或提高，即全部投入与产出比例匹配度不断改善；这也说明，投融资体制改革使得超过半数以上的出版传媒集团上市企业的技术、管理、决策等方面的现状或能力与其投融资规模是相适应的。2011—2015 年集团上市企业全要素生产率的增长率是 1.3%，它主要是技术进步指数(tech)、纯技术效率(pech)、规模效率(sech)三方面提升带来的共同结果；借助 SPSS19.0 软件对 Malmquist 指数分解进行描述统计，其标准差、方差的统计结果如表 5-13 所示。

表 5-13　Malmquist 指数分解描述统计

Malmquist 指数分解	N	标准差	方差
effch	15	.0243036	.001
tech	15	.0570447	.003

续表

Malmquist 指数分解	N	标准差	方差
pech	15	.0140112	.000
sech	15	.0165019	.000
有效的 N(列表状态)	15		

通过比较表 5-13 所列 Malmquist 指数分解的标准差和方差所反映均值的离散情况,研究发现,引起 2011—2015 年集团上市企业全要素生产率增长的主要因素依次是纯技术效率(pech)、规模效率(sech)和技术进步指数(tech)增长。

由表 5-12 统计可见,2011—2015 年在 6 家 Malmquist 指数或全要素生产率(tfpch)下滑的集团上市企业中,有 5 家是由于技术进步指数(tech)引起的,有 3 家是因为技术效率(effch)下滑导致的,有 2 家是因为技术效率(effch)和技术进步指数(tech)同时下滑引起的。因此,提高技术进步或技术创新是集团上市企业提高投融资效率的主要途径。

三、综合分析:评价与建议

首先,通过 DEA-BCC 模型与 Malmquist 指数横、纵向比较分析发现,出版投融资体制变迁对出版传媒集团投融资效率产生了显著影响,以纯技术效率为标志的出版传媒集团上市企业投融资制度建设、管理与决策水平得到较大提高,而且集团上市企业投融资技术效率提升很快,2011—2015 年每个 DMU 在技术、管理、决策等方面的前沿竞争"追赶效应"已经形成。因此,新闻出版集团外部的体制改革、制度环境建设应与集团内部的投融资管理、决策水平提升需要匹配发展,以实现政府管理与企业集团投融资运行的"协同效应"。

其次,投融资促进了绝大多数集团上市企业规模的壮大,而且很多企业投融资效率的提升正是凭借其规模效率递增实现的,但分析也发现,虽然集团上市企业的规模效率递增，但其投融资的整体规模收益情况表现一般，即“追赶效应”未形成预期的“增长效应”。因此，未来出版传媒集团上市企业需要合理控制企业规模，并将依赖规模效率转移至从技术、经营、管理、要素组合、专业化等各方面的优化提升来提高企业投融资效率。

最后，通过验证研究发现，引起2011—2015年集团上市投融资效率增长的因素依次是纯技术效率(pech)(即制度建设与决策水平)、规模效率(sech)和技术进步指数(tech)增长；同时，针对5年内投融资效率递减典型的企业促发要素观测也发现，技术进步指数(tech)下滑是其重要诱因。因此，未来大多数集团上市企业投融资效率提升的努力方向主要是面向技术进步和技术创新。

第四节　体制变迁与出版传媒集团投融资效率关系验证①

一、研究方法：SE－DEA模型与Tobit模型

(一)SE－DEA(超效率)模型

传统的DEA模型可以判断决策单位(DMU)有效或者无效，但对于如表5-7、表5-8、表5-9内存在多个DMU，而且其效率值均为1，即$\theta=1$的情况，就很难继续对这些效率值进行评价和比较。为了解决这一问题，1993年，安德森和彼特森(Andersen & Petersen)提出了超效率模型，该模型得出的效率值不限制于[0,1]范围，而是可以超过1。[245]在规模效益(RTS)不变的情况下，基于投入导向的SE-DEA模型公式为[246]：

① 第四节主要内容来自作者2017年1月在原博士论文相关章节基础上进行数据更新、重新计算和较大修改形成的“体制改革与出版传媒集团投融资效率研究——基于上市企业‘SE-DEA－Tobit’模型评价与验证”一文，并于2017年2月3日投向《出版科学》杂志在线投稿系统，系统显示2017年4月9日已被该刊录为“拟发稿件”。

$$\min\theta$$

$$\begin{cases} s.t.\ \sum_{j=1,j\neq q}^{n} x_{ij}\lambda_j + s_i^- = \theta_0 x_0, i=1,2,\cdots,m \\ \sum_{j=1,j\neq q}^{n} y_{kj}\lambda_j - s_k^+ = y_0, k=1,2,\cdots,r \\ \lambda_j \geq 0, j=1,2,\cdots,q-1,q,q+1,\cdots,n \\ s_i^- \geq 0, s_i^+ \geq 0 \end{cases} \tag{公式 5-5}$$

其计算结果判断标准主要分三种情况:

(1)当 $\theta>1$ 时,则 DMU 极有效或无可行解。

(2)当 $\theta<1$ 时,则 DMU 无效。

(3)当 $\theta=1$ 时,分两种情况:①当松弛变量 s_i^- 与 s_i^+ 不都为 0 时,则该 DMU 弱有效;②当 s_i^- 与 s_i^+ 都为 0 时,则该 DMU 有效但不极有效。[247]

(二)Tobit 模型

Tobit 模型是一种因变量受限的经济计量学回归模型,其多运用于因变量为截断值或片段值的模型研究。该模型对于本研究的价值是:对于在 SE-DEA 中获得的大于零的离散数值或截断(面)数据,如用传统 OLS(最小二乘法)估计模型,参数会出现一定误差,即会对参数估计形成严重的有偏和不一致;[248]而借助 Tobit ML 法(极大似然法)进行估计,就能大大提高参数估计的精确度。[249] Tobit 模型公式如下:

$$Y=\begin{cases} Y^*=\alpha+\beta X+\varepsilon, & Y^*>0 \\ 0, & Y^*\leq 0 \end{cases} \tag{公式 5-6}$$

公式(5-6)中,Y 为截断因变量向量;X 为自变量向量;α 为截距项向量;β 为回归参数向量;扰动项 $\varepsilon \sim N(0,\sigma^2)$。[250]

二、关键测量替代指标确立及依据:股权结构

在本文第四章“文献论证与假设提出”处,本研究曾提出类似“转企改

制”、制度变迁等这些抽象变量如何进行量化研究的问题，并借鉴了刘小玄等(2005)为我们提供的“产权性质”“股权结构”两种方式针对体制变迁等的量化研究。[251]本研究认为这是有着比较好的理论与实践依据的：

首先，使用“产权性质”“股权结构”变量去研究体制变迁是符合制度经济学中制度变迁理论逻辑的。产权/交易费用理论是新制度经济学研究制度问题的基本方法(尹章池，2005)。[252]制度及制度变迁研究集大成者诺斯的一大重要贡献就是从产权理论切入分析了制度变迁。他认为制度变迁的三大理论基础为产权理论、国家理论和意识形态理论。他进而认为，产权结构及其行使得到确认能降低或完全消除不确定性；产权结构主要在创造有效率市场与推动技术进步两个方面驱动制度变迁。[253]在制度经济学中产权和股权是等同使用的，同时，制度变迁是本研究体制变迁的核心，因此，我们认为选择“产权性质”或“股权结构”变量作为替代变量有着较好的理论依据。

其次，使用“产权性质”“股权结构”变量去研究体制变迁是符合我国新闻出版体制改革顶层设计与出版传媒集团“转企改制”的现实的。正如前文所述，自 2003 年我国启动文化体制改革以来，一个重大的贡献就是实现了文化事业与文化产业的分开，并由此推动了非时政类或经营类传媒集团的“转企改制”。从顶层设计的“事业、企业分开”到出版传媒集团的“转企改制”落实，实质上实现了推动集团面向市场进行投融资所需的产权清晰与股份制改造。因此，在很多行业的国企改制与转型中，“转企改制”与“股份制改造”基本都是等同使用的；上市出版传媒集团是我国出版业“转企改制”最为成功的标杆。

最后，“产权性质”“股权结构”与投融资效率的交叉研究在诸多学科中都得到了大量数据验证，这也体现了以“产权性质”或“股权结构”为变量指标去测度体制变迁的可行性。

本研究的研究对象——出版传媒集团存在着属性上的一致性，即大多是国有企业，产权性质相同；同时，集团上市企业第一大股东基本都是政府部门或国有法人持股，其股权绝对优势已将产权性质内化为股份制了。因此，本研究只选取股权结构作为新闻出版投融资体制改革的唯一替代指标。

三、数据测算、变量命名与模型构建

依据梁树广等（2011）[254]、姚德权等（2014）[255]的研究，针对股权结构的测量主要从股权性质、股权制衡度与股权集中度三个方面进行。而本章的研究对象——15家出版传媒集团上市企业，基本都是“转企改制”后所形成的国有控股上市出版企业，第一大股东基本都是政府部门或国有法人持股，具有股权性质的同质化，因此，研究主要从股权制衡度与股权集中度两个方面进行。

（一）数据测算

1.股权制衡度测算

股权制衡度测算一般选取的是第二至第五大股东持股比例和与第一大股东持股比例的比值，比值越大，股权制衡度越高，股权制衡能力就越强，即能限制第一大股东的股权优势及其“掏空行为”。

本研究借助2011—2015年15家出版传媒集团上市企业年报统计其各自前十大股东持股比例，计算出其股权制衡度，如表5-14所示。

表5-14　2011—2015年出版传媒集团上市企业股权制衡度

DMU	股权制衡度					
	2011	2012	2013	2014	2015	均值
中南传媒	0.193	0.193	0.145	0.153	0.169	0.171
凤凰传媒	0.130	0.124	0.060	0.045	0.062	0.084
浙报传媒	0.232	0.227	0.348	0.213	0.236	0.251
中文传媒	0.047	0.075	0.176	0.095	0.227	0.124

续表

DMU	股权制衡度					
	2011	2012	2013	2014	2015	均值
时代出版	0.242	0.236	0.210	0.195	0.198	0.216
博瑞传播	0.758	0.660	0.562	0.543	0.668	0.638
出版传媒	0.041	0.046	0.042	0.010	0.063	0.040
长江传媒	0.230	0.091	0.139	0.118	0.108	0.137
粤传媒	0.139	0.436	1.091	0.448	0.068	0.436
大地传媒	0.103	0.103	0.068	0.073	1.001	0.270
北青传媒	0.528	0.528	0.528	0.528	0.129	0.448
现代传播	0.377	0.394	0.415	0.404	0.137	0.345
新华传媒	1.028	1.005	0.937	0.867	0.446	0.857
皖新传媒	0.136	0.131	0.101	0.123	0.411	0.180
新华文轩	0.158	0.169	0.169	0.169	0.392	0.211
均值	0.290	0.295	0.333	0.266	0.288	0.294

由表 5-14 可见，2011—2015 年 15 家出版传媒集团上市企业股权制衡度均值分别为 0.290、0.295、0.333、0.266、0.288，总体比值都不高，年度均值变化不大；对单个企业 5 个年度均值比较可见，只有新华传媒(0.857)、博瑞传播(0.638)两家超过了 0.5。

2.超效率与股权集中度测算

(1)超效率计算

根据 SE-DEA(超效率)模型，研究借助 EMS1.3 工具，基于投入导向，计算出 2011—2015 年出版传媒集团上市企业投融资(技术)超效率及均值排名，如表 5-15 所示。

表 5-15　2011—2015 年出版传媒集团上市企业投融资技术超效率比较

DMU	投融资技术超效率						
	2011	2012	2013	2014	2015	均值	排名
粤传媒	3.544	0.691	0.758	0.753	0.595	1.268	1
北青传媒	2.135	0.926	0.858	0.639	0.543	1.020	2
长江传媒	1.449	0.809	0.822	0.828	1.157	1.013	3
中文传媒	0.916	1.051	1.011	0.947	1.109	1.007	4
现代传播	0.999	1.028	0.961	0.957	0.908	0.971	5
浙报传媒	1.316	0.633	0.987	0.960	0.936	0.966	6
凤凰传媒	0.896	0.919	0.955	0.959	0.951	0.936	7
博瑞传播	1.201	0.893	0.935	0.896	0.711	0.927	8
皖新传媒	0.778	0.845	0.894	0.950	0.934	0.880	9
时代出版	0.807	0.830	0.895	0.933	0.927	0.878	10
大地传媒	0.716	0.769	1.286	0.689	0.663	0.825	11
新华文轩	0.788	0.760	0.816	0.824	0.848	0.807	12
中南传媒	0.739	0.755	0.775	0.835	0.906	0.802	13
新华传媒	0.813	0.789	0.815	0.772	0.750	0.788	14
出版传媒	0.766	0.750	0.739	0.755	0.764	0.755	15
均值	1.191	0.830	0.900	0.846	0.847	0.923	

依据前述 SE-DEA 模型计算结果的三个判断标准可见:(1)分年度实现超效率(效率值大于 1)的企业数,2011 年有 5 家、2012 年有 2 家、2013 年有 2 家、2014 年有 0 家、2015 年有 2 家,分别占比为 25%、10%、10%、0%、10%;(2)对 5 个年度均值比较可见,5 年中有 1 年实现了超效率(2011 年均值为 1.191),占总数的 20%;(3)对单个企业 5 年均值比较可见,15 家集团上市企业中共有 4 家实现了超效率,占 15 家总数的 26.7%,具体排名如表 5-15 所列。需要指出的是,粤传媒与北青传媒虽然排名在前两位,但这两个企业的年度超效率值起伏过大,而位列第四的中文传媒连续 3 年、第三位的长江传媒连续 2 年都实现了超效率,其表现则更加突出;(4)从超效率实现的横向年度数 20% 占比与纵向的企业数

20%占比可以看出，我国出版传媒集团上市企业投融资效率总体表现尚可，尤其大部分企业入市还不到10年，从而也可以看出政策助推、行业前景与新闻出版投融资体制改革带来的成效。

(2)股权集中度计算

股权集中度计算主要从 HHI_i 指数、Z 指数和 CR_5 指数进行，但需要说明的是，产业经济学中，一般是把 CR_5 指数和 HHI_5 指数两组指数作为产业集中度测量的核心指标。因此，本研究也把 CR_5 指数和 HHI_5 指数这两组指数作为研究股权集中度的核心指标，即主要以它们去衡量股权集中度变量。

第一，集中度 CR_n 指数是前 n 位股东持股比例之和，其计算公式如下：

$$CR_n = \sum_{i=1}^{n} X_i / \sum_{i=1}^{m} X_i \qquad \text{（公式 5-7）}$$

本研究选取 CR_1、CR_5 两个指数衡量股权集中度。

第二，HHI 指数是指前 n 位股东持股比例平方和。

$$HHI = \sum_{i=1}^{m} (X_i / X)^2, i = 1, 2, \cdots, m \qquad \text{（公式 5-8）}$$

本研究取 HHI_5 指数衡量股权集中度，该指数对股权集中度测量的价值是持股比例取平方后，更能比较和显示出股东持股比例之间的差异程度。

第三，Z 指数＝第一大股东持股比例/第二大股东持股比例。

Z 指数越大，表明前两大股东的力量差异越大，第一大股东优势也因此越明显。

第四，研究借助2011—2015年15家出版传媒集团上市企业年报统计其各自前十大股东持股比例，分别计算出 CR_1 指数、CR_5 指数、Z 指数、HHI_5 指数四大指数。超效率及集中度测算结果如表5-16所示。

表 5-16　2011—2015 年 15 家出版传媒集团上市企业股权制衡度(GQZ)、Z 指数和集中度(CR_n，HHI_i)

DMU	2011					2012					2013					2014					2015				
	GQZ	CR_1	CR_5	Z	HHI_5	GQZ	CR_1	CR_5	Z	HHI_5	GQZ	CR_1	CR_5	Z	HHI_5	GQZ	CR_1	CR_5	Z	HHI_5	GQZ	CR_1	CR_5	Z	HHI_5
中南传媒	0.19	0.61	0.73	16.98	0.38	0.19	0.61	0.73	16.98	0.38	0.15	0.61	0.70	19.03	0.38	0.15	0.61	0.71	17.46	0.38	0.17	0.61	0.72	16.52	0.38
凤凰传媒	0.13	0.72	0.81	12.24	0.52	0.12	0.72	0.81	12.24	0.52	0.06	0.72	0.76	36.05	0.52	0.05	0.72	0.75	36.06	0.52	0.06	0.73	0.77	36.31	0.53
浙报传媒	0.23	0.65	0.80	6.68	0.43	0.23	0.65	0.79	6.62	0.43	0.35	0.50	0.67	7.05	0.26	0.21	0.50	0.60	7.05	0.25	0.24	0.50	0.61	7.05	0.25
中文传媒	0.05	0.74	0.77	36.82	0.55	0.07	0.74	0.80	36.82	0.55	0.18	0.64	0.75	15.47	0.41	0.09	0.64	0.70	29.23	0.41	0.23	0.55	0.67	11.26	0.30
时代出版	0.24	0.58	0.72	6.38	0.35	0.24	0.58	0.72	6.41	0.35	0.21	0.58	0.70	7.07	0.34	0.19	0.57	0.68	7.25	0.33	0.20	0.57	0.68	9.13	0.33
博瑞传播	0.76	0.24	0.42	2.13	0.07	0.66	0.24	0.39	2.13	0.07	0.56	0.23	0.36	2.29	0.07	0.54	0.23	0.36	2.29	0.06	0.67	0.23	0.39	2.29	0.07
出版传媒	0.04	0.71	0.74	27.81	0.50	0.05	0.68	0.71	27.31	0.46	0.04	0.68	0.71	27.31	0.46	0.01	0.68	0.68	293.57	0.46	0.06	0.68	0.72	37.51	0.46
长江传媒	0.23	0.58	0.72	6.69	0.35	0.09	0.66	0.72	38.68	0.43	0.14	0.56	0.64	25.84	0.32	0.12	0.56	0.63	28.02	0.32	0.11	0.56	0.62	22.83	0.31
大地传媒	0.10	0.76	0.84	25.78	0.58	0.10	0.76	0.84	25.78	0.58	0.07	0.76	0.81	27.86	0.58	0.07	0.77	0.83	38.76	0.60	0.07	0.77	0.82	35.06	0.60
新华传媒	1.03	0.31	0.62	1.30	0.15	1.00	0.31	0.61	1.30	0.15	0.94	0.31	0.59	1.30	0.15	0.87	0.30	0.56	1.28	0.15	1.00	0.28	0.55	1.18	0.13
皖新传媒	0.14	0.75	0.86	11.01	0.57	0.13	0.75	0.85	11.01	0.57	0.10	0.76	0.83	11.06	0.58	0.12	0.76	0.85	11.06	0.58	0.13	0.76	0.85	11.02	0.58
新华文轩	0.16	0.52	0.60	11.11	0.28	0.17	0.52	0.61	11.11	0.28	0.17	0.52	0.61	11.11	0.28	0.17	0.52	0.61	11.11	0.28	0.14	0.60	0.68	20.20	0.36
粤传媒	0.14	0.37	0.43	14.99	0.14	0.44	0.49	0.71	2.59	0.28	1.09	0.19	0.41	1.02	0.07	0.45	0.47	0.68	2.59	0.26	0.45	0.47	0.68	2.59	0.26
北青传媒	0.53	0.63	0.97	16.96	0.43	0.53	0.63	0.97	16.96	0.43	0.53	0.63	0.97	16.96	0.43	0.53	0.63	0.97	16.96	0.43	0.41	0.63	0.89	16.96	0.42
现代传播	0.38	0.62	0.86	10.35	0.40	0.39	0.61	0.85	8.75	0.39	0.42	0.61	0.87	7.68	0.39	0.40	0.63	0.88	7.84	0.41	0.39	0.64	0.88	7.97	0.42
均值	0.29	0.59	0.73	13.82	0.38	0.29	0.60	0.74	14.98	0.39	0.33	0.55	0.69	14.47	0.35	0.27	0.57	0.70	34.03	0.36	0.29	0.57	0.70	15.86	0.36

数据来源：各出版传媒集团上市企业 2011—2015 年年报(注：为节省表格空间只保留小数点后两位)。

由表 5-16 可见：

(1)2011—2015 年，15 家上市出版传媒集团第一大股东持股比例均值分别为 59%、60%、55%、57%和 57%，均超过了 50%，上市出版传媒集团第一大股东绝大多数是政府部门或国有法人持股，占据了股权绝对优势；5 个年度均值分别为 73%、74%、69%、70%和 70%，也均超过了 50%。上述两组数据都显示，集团上市企业股权集中度较高。

(2)2011—2015 年 15 家上市出版传媒集团 Z 指数均值为 18.63，最高值达到 293.57；5 个年度均值分别为 13.82、14.98、14.47、34.03 和 15.86，表明第一大股东与第二大股东持股比例普遍差距较大。研究选取以 Z 指数 10 为界，由表 5-16 可计算出 15 家上市出版传媒集团 2011—2015 年分别有 72.4%、66.8%、69.1%、29.4%和 63.1%的第一大股东占据绝对优势。

(3)一般来说，HHI 指数越接近 1，表示前五大股东的持股比例差距越大。有学者认为，如果 $HHI_n>0.25$（周伟清，1999）[256]或 $HHI_n>0.3$（于东智，2001）[257]，则表明前 n 位股权分布或股东持股比例失衡。由表 5-16 计算可知，2011—2015 年 15 家上市出版传媒集团 HHI_5 指数均值分别为 0.38、0.39、0.35、0.36 和 0.36，均超过前述学者所认定的参考值 0.25 或 0.3。可见，上市出版传媒集团前五大股东持股比例是失衡的。

（二）变量命名与模型构建

正如前述，由于研究所获技术效率数据受截断数据和取值范围[0,1]的限制，因此，研究选取 Tobit 受限模型进行回归分析，并使用 ML 法（极大似然法）估计方程。研究将前述所获的 2011—2015 年出版传媒集团投融资技术 SE-DEA 效率作为被解释变量，将股权制衡度、股权集中度作为被解释变量，构建模型如下：

$$EFF_{it}=C_i+\beta_1 GQZ_{it}+\beta_2 CR_{1it}+\beta_3 CR_{5it}+\beta_4 Z_{it}+\beta_5 HHI_{5it}+\varepsilon_{it}$$

（公式 5-9）

在公式 5-9 中，C_i 是随机变量，β 为 $Q\times 1$ 阶回归系数向量，ε_{it} 为误差项。EFF_{it} 是被解释变量“出版传媒集团投融资技术 SE-DEA 效率”，GQZ_{it} 为“股权制衡度：第二至第五大股东持股比例与第一大股东持股比例比值”。股权集中度主要由以下几个变量进行衡量：(1)CR_1 为“第一大股东持股比例”；(2)CR_{5it} 为“前五位股东持股比例之和”；(3)Z_{it} 为“Z 指数：第一大股东持股比例与第二大股东持股比例比值”；(4)HHI_{5it} 为“HHI 指数：前五位股东持股比例平方和”。

四、验证结果与分析

在表 5-15 测算数据的基础上，研究借助 STATA13.0 进行 Tobit 模型回归。Tobit 研究模型各变量描述统计如表 5-17 所示：

表 5-17　Tobit 模型各变量描述统计

Variable	Mean	Std. Dev.	Min	Max	Observations
EFF	0.922831	0.374432	0.5425	3.5444	N=75 M=15 T=5
GQZ	0.310373	0.199131	0.1	0.9	
CR_1	0.629775	0.217877	0.1	0.9	
CR_5	0.564608	0.188943	0.1	0.9	
Z	0.148171	0.093188	0.1	0.9	
HHI_5	0.557132	0.227526	0.1	0.9	

Tobit 模型回归结果如表 5-18 所示：

表 5-18　Tobit 模型回归结果

EFF	Coef.	Std. Err.	z	P>|z|	[95% Conf.	Interval]
GQZ	−4.61705 ***	1.346112	−3.43	0.001	−7.25538	−1.97872
CR_1	−10.9696 **	3.709069	−2.96	0.003	−18.2393	−3.69997
CR_5	3.878085 **	1.255773	3.09	0.002	1.416814	6.339355
Z	−0.00178	0.462177	0.00	0.997	−0.90763	0.904074
HHI_5	4.547648 *	1.930982	2.36	0.019	0.762991	8.332304

续表

EFF	Coef.	Std. Err.	z	P>|z|	[95% Conf.	Interval]
_cons	4.541251	1.062359	4.27	0.000	2.459066	6.623436
/sigma_u	1.06E−18	0.069157	0.00	1.000	−0.13555	0.135546
/sigma_e	0.339365	0.027709	12.25	0.000	0.285056	0.393674
rho	9.77E−36	1.27E−18			0	1

注：*** 表示 1%水平显著；** 表示 5%水平显著；* 表示 10%水平显著。

由表 5-18Tobit 模型回归结果可以得出以下结论：

（1）回归模型的 Wald chi2（4）= 15.08，Log likelihood = −25.369502，Prob > chi2=0.0100，模型拟合较好，表明基于股权结构测度的投融资体制改革与集团（上市企业）投融资效率具有相关性。

（2）股权制衡度与投融资效率负相关。P 值为 0.001，通过了 1%显著性检验，相关系数为−4.61705。该组数据表明，集团上市企业第一大股东持股比例偏高，第二至第五大股东持股制衡度偏低，不利于推动企业投融资效率提升。

（3）第一大股东持股比例与投融资效率负相关。P 值为 0.003，通过了 5%显著性检验，相关系数为−10.9696，相对较高。该组数据表明，第一大股东持股比例过高，不利于集团上市企业投融资效率提升。

（4）Z 指数与投融资效率关联性不显著。P 值为 0.997，未通过显著性检验，相关系数为−0.00178。造成不显著的原因可能是：大多数集团上市企业第一大股东持股比例与第二大股东持股比例差距过大。

（5）股权集中度核心指标（CR_5 指数与 HHI_5 指数）与投融资效率正相关。①CR_5>0.25 指数与投融资效率正相关。P 值为 0.002，通过了 5%显著性检验，相关系数为 3.878085。②HHI_5>0.3 指数与投融资效率正相关。P 值为 0.019，通过了 10%显著性检验，相关系数为 4.547648。两组核心指标回归数据表明，股权集中度与集团上市企业投融资效率正相关。学界针对股权集中度与国有控股上市企业效率研究多集中在以下三个方面：(1)关系研究，即正或负向影响关系、动态的“U”型关系(分为“U”型，先降后升；倒“U”型，先升后降)；(2)效应研究，即“掏空效应”与“利益趋同效应”；(3)行为研究，即大股东的“掏空行为”与中小股东的“搭便车行为”。中国出版传媒集团控股企业上市时间整体较短，通过上述5年数据验证显示，股权集中与集团上市企业投融资效率是线性关系而不是“U”型关系。

第五节　本章小结

首先，通过DEA-BCC模型的横向与Malmquist指数的纵向比较分析可见，我国新闻出版的“转企改制”，特别是投融资体制改革对出版传媒集团投融资效率提升产生了显著影响。15家出版传媒集团上市企业投融资整体技术效率上升很快，内部的管理与决策执行较好，但是集团企业规模收益并不理想。研究发现，以纯技术效率为标志的我国出版传媒集团上市企业投融资制度环境优化与决策水平有待提高，出版传媒集团上市企业整体规模收益情况不佳。研究从制度建设、规模调整、技术创新等方面提出了建议。

其次，借助SE-DEA模型，研究比较15家出版传媒集团上市企业投融资技术效率(超效率)，发现浙报传媒、凤凰传媒、中文传媒3家上市企业实现了技术效率有效，其中浙报传媒、凤凰传媒2家实现了超效率，投融资运行表现较好。

最后，研究引入股权结构作为体制变迁的替代衡量指标，并以股权制衡度、股权集中度作为股权结构衡量指标，验证了其与出版传媒集团投融资技术效率的关系。研究发现：(1)股权制衡度方面，2011—2015年出版传媒集团上市企业股权制衡度总体比值都不是很高，年度均值变化不大；(2)股权集中度，从第一大股东持股比例、前五位股东持股比例、第一大股东持股比例与第二大股东持股比例比值、前五位股东持股比例平方和进行测算发现，这 4 个指标测算下的股权集中度都比较高。

研究进而借助 Tobit 模型进行回归分析发现：第一大股东持股比例与投融资效率负相关；指数与投融资效率关联性不显著；股权集中度核心指标与投融资效率正相关，二者的关系是线性关系而不是“U”型关系。

第六章　制度安排与机制优化:出版传媒集团投融资效率提升的体制创新

第一节　宏观制度安排:元制度驱动与监管创新

一、元制度驱动:元制度规制放松与新闻出版投融资路径依赖创新

在研究第二章第二节"制度变迁理论"时,我们分析了宪政经济学元制度(生成制度的制度)、比较制度分析理论元制度(基本制度的一般形态)与制度经济学元制度(针对政府行政行为的程序性规则或元规则)。比如柯武钢和史漫飞(2000)给出了外在制度(规则)三个层次的层级结构,如图 6-1 所示。

周冰(2013)认为,元制度作为制度系统的最基本制度,与其他具体制度是根源与派生关系,即呈现基本制度(元制度)与派生制度的结构关系,它们之间常常是一对多的引致关系,而在其中的连接可以看作是完整的"制度链(从元制度出发,经过多层次的制度安排直至最终的具体制度〈是对人行为的具体规定〉)",[16]具体如图 6-2 所示。

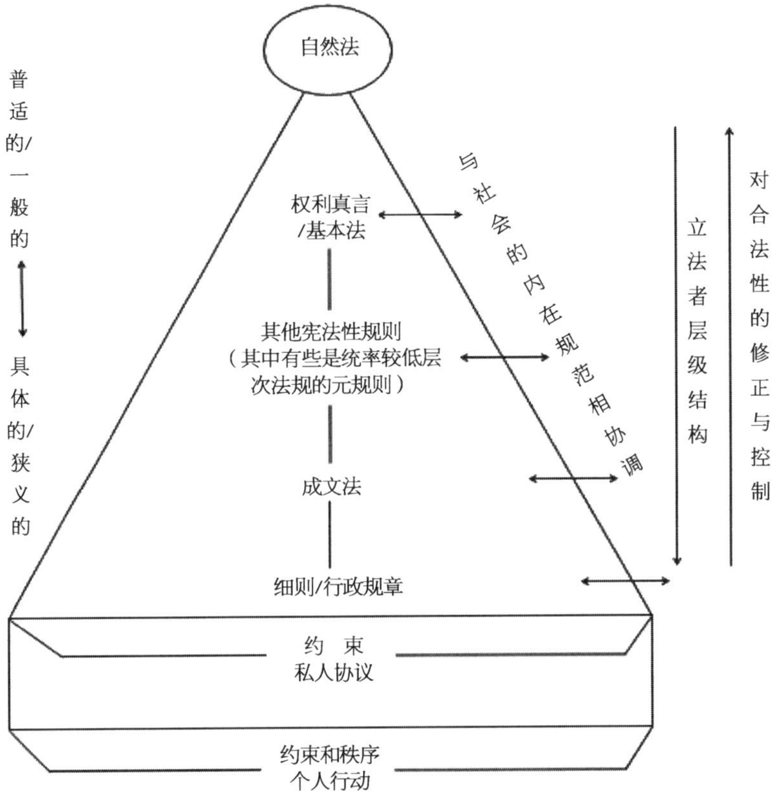

图 6-1　外在制度的层级结构

资料来源：柯武钢，史漫飞. 制度经济学：社会秩序与公共政策[M]. 北京：商务印书馆，2000：165.

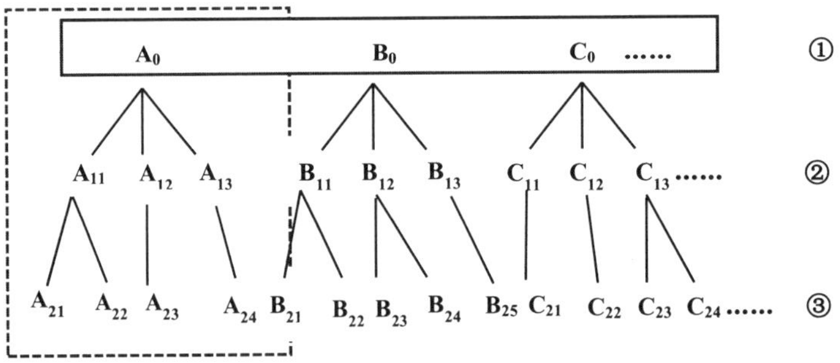

图 6-2　体制的制度结构

资料来源：周冰. 论体制的制度结构[J]. 经济纵横，2013(2)：17-21.

如前所述,不同学派关于元制度研究的着力点虽然不同,但他们对元制度认识的共同之处就是关注了它对于后续制度的根源性和基础性作用,即看到了元制度与具体制度之间的从属关系和层级结构,而这一点也是本研究所认可的。从前面的出版传媒集团形成与体制变迁分析,尤其是对自2000年至今的关于新闻出版投融资体制改革、出版传媒集团"转企改制"的文件梳理我们发现,其中制度的元制度很多都来自国务院、文化部等对国家新闻出版总署(现国家新闻出版广电总局)有着直接或一定管理权的单位。新闻出版投融资制度元制度及生成路径如图6-3所示。

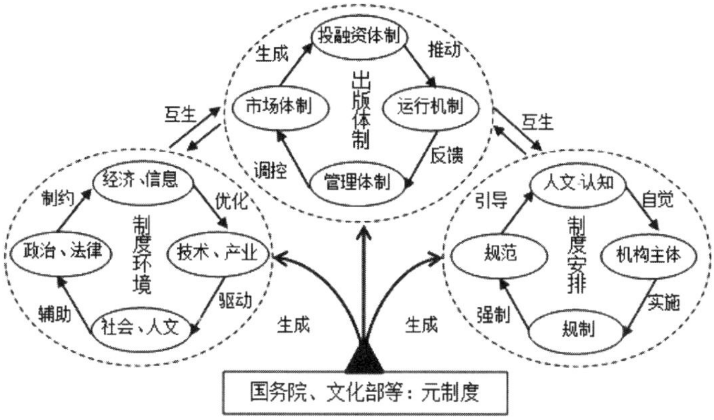

图6-3　新闻出版投融资制度元制度及生成路径

注:图内内容设置参考一些学术资料绘制。

因此,本研究认为,在新闻出版体制改革与出版传媒集团市场运作中,很多制度生成是依赖国家宏观层面上针对文化事业与文化产业大政方针的元制度规制放松与创新驱动的,由此才能推动新闻出版投融资制度生成与不断创新,这也可以视为我国新闻出版体制改革的路径依赖。

二、外部环境优化:培育和优化外部投融资环境,加强政策协调和政策指导

营造和培育良好的新闻出版投融资外部制度环境,需优化新闻出版

投融资的政策供给、人才培训和相关制度建设，加强国家新闻出版广电总局与文化部、国务院和证监会等关联单位的政策协同，实现产权/股权体系、市场体系、金融体系和新闻出版投融资体系的对接和完善，发挥金融、基金、股市、证券、产权的投融资功能，建立有利于出版传媒集团发展的投融资体系。

构建和发展新闻投融资中介服务体系，需搭建新闻出版投资方、中介服务机构和融资方的投融资平台；规范中介服务组织在担保、质押、贷款、信息提供等投融资环节上的行为；加强对新闻出版企业投融资人才的引进和培训，培养企业的投融资队伍，提升其投融资能力。

三、关系厘清：理顺政府与出版主体的责、权、利，确立集团市场主体地位

进一步厘清政府（管理主体）、市场（服务主体）、企业（运行主体）三大主体之间的关系，深化“企事分开，管办分离”；明确“转企改制”后新闻出版投融资过程中政府的职能及角色转变，提高政府管理绩效和政策服务水平，使其逐步退出对新闻出版企业财政、人事及经营的直接行政干预，简化对新闻出版投融资过程的前置审批，加强后期审核和行政处罚力度，节约新闻出版企业投融资决策审批的时间成本。

强化“转企改制”后新闻出版企业在投融资过程中的企业主体属性；完善法人治理结构；健全董事会、监事会和经营管理层，探索建立职业经理人制度；明确所有者、经营者各自职责，形成规范、高效的公司治理机制；通过有效的制度安排，提高企业的市场竞争能力，培育能够真正参与市场竞争的市场主体。

四、政府监管模式优化：兼顾企业集团投融资效率与社会效益

新闻出版产业有其自身的特殊性，政府必须优化监管模式，引导新闻

出版的正确导向，实现社会效益最大化，始终坚持党对新闻出版工作的领导；在保证正确的政治方向的前提下，政府应将企业的经济效益与社会效益确定为目标与约束的关系，即经济效益为目标、社会效益为约束，并在此基础上实现政府监管模式的创新和优化。

第二节　中观体制改革：国外经验与投融资体系确立路径

在讨论我国新闻出版投融资体制改革的路径之前，本研究首先引入国外核心产业经验及操作模式，以提供经验借鉴。

一、国外产业经验与体制变迁导向：投融资体系与金融系统对接

钱志新(2010)认为，金融是经济的“心脏”，是产业的“血液”。现代金融有双重含义：一是从小金融到大金融，即从银行的货币市场走向整个资本市场，包括证券、债券、信托等；二是从老金融到新金融，即从单一信贷产品走向众多金融新产品，包括租赁、基金、产权等。当前产业投融资与金融体系对接主要有三大问题：(1)产业融资渠道单一，多依赖银行间接融资，直接融资比例小；(2)从金融供给主体来看，进入介入不足，主要是政策性银行和商业银行，其他商业性金融机构对企业的全面金融支持比较欠缺；(3)金融服务形式单调，多停留在放贷层面，针对重点产业的投融资咨询、担保、信托和租赁服务较少。因此，解决上述问题的重要对策之一就是建立以政府为杠杆、企业为主体，银行、其他金融机构和社会资金为后盾的多渠道、多层次金融体系与产业投融资体系对接。[258]

作为企业投融资的一种高级形态——资本运营，邓明然(2006)依据运营形态将其分为实业资本运营、产权资本运营、金融资本运营和无形资本运营四种。[259]据此，李冬梅(2008)研究了世界知名大型出版集团的投

融资历程之后发现，其资本运营共经历了四个显著阶段：(1)实业资本运营阶段。20世纪初至20世纪中叶，这些集团以自身资产为基础，通过产品与服务的销售获得集团资产增值。(2)金融资本运营阶段。20世纪中叶以后，借助金融市场股票、债券的发行与收购获得巨额资金，这些集团迅速做大。(3)产权资本运营阶段。20世纪90年代中期以来，为了称霸全球，获得高额垄断利润，这些出版集团频繁使用兼并、收购和重组等产权交易形式，实现了全球化扩张。(4)无形资本运营阶段。步入21世纪信息经济时代后，世界出版业进入了垄断阶段，在经过全球化的抢滩布点及市场分割后，这些集团凭借其在国内外市场的垄断地位及其100多年投融资的资本积累，借助知识产权售卖、生产许可、特许经营、品牌转让等无形资产运营即可攫取巨额利润，从而实现了有形与无形资产的立体开发与全资本运营。[260]具体如图6-4所示。

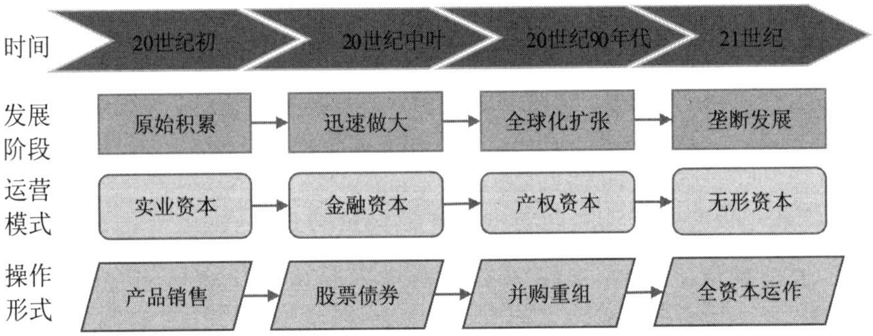

图6-4 世界知名出版集团资本运作与投融资发展历程

资料来源：唐溯.转型期中国出版资本市场研究[D].上海：上海理工大学，2010：88.(此表做了针对性改动。)

通过上述梳理研究发现，资本运营呈现以下几个特点：(1)从发展时间可以判断，世界知名出版集团的资本运营是呈加速度发展趋势。从其“原始积累”到“迅速做大”用了50年左右的时间；从“迅速做大”到“全球化扩张”用了40年左右的时间；从“全球化扩张”到“垄断发展”仅用了近10年时间。(2)从运营模式来看，每一个阶段的资本运营模式都是对前一阶段的叠加而不是替代。(3)通过上述分析,研究可以借以判定我国出版传媒集团投融资所处的资本运营阶段主要介于“迅速做大”与“全球化扩张”之间。因此,当前出版传媒集团投融资的主要任务就是金融资本运营与产权资本运营,即一方面要进一步推动集团的股票、债券、基金等金融市场发展;另一方面要借助并购、重组形式,快速做大做强。

西方发达国家的经验也表明,投融资体系只有和金融系统对接、融合,才能真正实现其推动产业发展的目的。追根溯源可见,推动二者发展的,一是起源于早期资本主义经济中的信用制度;二是19世纪下半叶在资本主义不断增长和其信用制度日益发展基础上壮大起来的股份公司,而股份公司最早是通过发行股票和公司债券将投融资和金融系统捆绑在一起的。西方发达国家的金融系统和投融资体系是由资本主义经济、银行信用制度和股份公司等各种经济实体在长期发展和相互作用中形成的。[261]

需要指出的是:首先,我国金融系统和投融资体系相对独立、关系松散,长期依赖政府的行政手段而非市场的经济手段产生联系;其次,信用制度的缺失,导致以新闻出版等为代表的文化产业核心资产——知识产权等无法实现证券化投融资;最后,西方发达国家使金融系统和投融资体系产生紧密联系的股份公司出现的原因是个别资本家的资本有限,不足以创办或者壮大产业,而目前我国新闻出版产业的股份制改造是一种借助行政手段的文化产业和文化事业资产剥离。[261]

通过对上述国外产业经验梳理可见,目前我国新闻出版的体制变迁及制度建设导向就是打通新闻出版产业投融资体系与金融系统对接的政策通道,实现产业的迅猛发展和快速做大做强。

二、新闻出版投融资体系确立与实施路径

(一)完善出版资本与金融资本对接,有序吸纳社会资本和境外资本

第一,进一步加大和推动出版资本与金融资本的对接,完善前期牵

引、中期服务和后期监管，借以推动出版传媒集团投融资的发展与壮大。

第二，在国家政策允许的前提下，继续放宽民间资本对新闻出版产业投融资的政策通道，适度调整其介入新闻出版业的激励方式和产权结构，创新国有新闻出版单位与民营创意出版公司的合作投融资模式，拓展新闻出版业投融资渠道，促进新闻出版产业投资主体的多元化。

第三，有序放宽境外资本进入新闻出版业的业务范围和结构比例，创新合作模式，鼓励其对新闻出版产业的投资；通过引入其他行业大型国有企业作为战略投资者，出版传媒集团之间通过联合重组、参股等方式进行股份制改造，实现股权的多元化。

（二）放宽战略投资者范围，引入业外和境外战略投资者

第一，引入产业战略投资者，优化股权结构，健全公司法人治理结构，提高公司资源整合能力，增强出版企业的核心竞争力；进一步放宽战略投资者范围，大力推进出版产业的战略重组，推动石油、钢铁、金融、通讯等行业的国有企业进入新闻出版产业，使其成为战略投资者。

第二，借鉴商业银行引进境外战略投资者的经验，走放开市场进入与加强内部改革相结合的道路，制定相关政策，严控对进入后内容的动态监管和评估，实现新闻出版业的繁荣与发展。

第三，进一步放宽进入政策通道，形成跨媒体、跨行业、跨地区、跨国界的出版传媒集团；运用并购、重组、上市等市场机制，以资本为纽带，重点培育和发展一批实力雄厚的国有或国有控股大型新闻出版企业、出版传媒集团，使之成为具有资金、技术、管理和人才等优势的文化市场主导力量和新闻出版产业的战略投资者。

（三）通过并购、重组，突破地方保护，打破条块分割，突破所有制界限

着力打破按部门、行政区划和行政级次分配新闻出版资源和产品的

传统体制,打破条块分割、地区封锁、城乡分离的市场格局,鼓励业务相近、资源相通的新闻出版企业跨所有制、跨媒体、跨行业、跨地区、跨部门进行并购或重组;加强资本、产权、信息、技术、人才等生产要素在新闻出版并购、重组投融资过程中的合理流动和优化配置,并给予政策上的支持。

(四)引进信托机制,构建全国性新闻出版产业基金

引入产业基金的目的是加强对受资新闻出版企业的日常运营进行监督管理,促进其现代企业制度的建立和组织结构调整,完善新闻出版企业经营战略的制定、财务报表的审核和新合作伙伴的寻找等市场经营活动。

新闻出版产业基金可借鉴成熟资本市场"产业投资基金"运作模式,委托专业机构管理基金资产,主要采取股权投资方式解决新闻出版产业融资问题,调动金融机构和大型国有企业等社会资金投入,并由国家新闻出版广电总局主导建立全国性新闻出版产业基金,搭建新闻出版产业投融资平台。

第三节　微观集团投融资机制优化:规模效益提升与股权改革

一、借助多种手段,提升出版传媒集团投融资规模效益

结合第五章研究发现,我国出版传媒集团上市企业投融资规模效益较低。因此,本研究认为,应该借助投融资机制优化驱动,推动出版传媒集团的技术创新,并以技术创新带动集团业务的转型发展,进而提高集团的管理与决策效率,尤其应该改善出版传媒集团的规模收益,特别是通过政策扶植集团间多种形式、多种类别、多种业务的兼并、重组,但是这绝不是要鼓励一种集团规模盲目扩大与粗放式发展。对于规模收益不变或降低的集团,尤其要慎重借助此种手段,而应选择内部的治理优化与外部优

质资源的融入，提升集团实力与竞争力。

二、进一步推动集团股权改革与股权激励

第五章研究发现，我国出版传媒集团上市企业股权集中较严重，尤其是第一大股东持股比例过高，直接影响其投融资效率，因此，起步于产权清晰和股权改革的新闻出版投融资体制变迁应进一步推动国企股权改革，即本着优化和提升投融资技术效率的立场，继续深化传媒集团的股权改革与股权激励，创新特殊股的实施方式，借以提高股权制衡度，降低股权集中度，尤其是要改善出版传媒集团内“一股独大”或者“几股独大”的情况。

第四节　本章小结

本章属于制度研究与政策建议，主要探讨了面向出版传媒集团投融资效率提升的制度安排与体制改革。与前述研究对于体制的宏观（制度）、中观（体制）和微观（机制）的三维切入一样，本章主要从宏观制度安排、中观体制改革与微观集团投融资机制优化三个方面展开分析。

首先，在宏观制度安排方面，要借助国家层面关于投融资体制改革的元制度驱动，从而实现改革与监管创新。(1)要厘清国务院等单位提出的投融资体制改革与新闻出版投融资体制改革在基本制度（元制度）、派生制度上的结构关系，借助元制度的驱动，借鉴文化、广电、军工、电信等国内大型国有企业集团投融资体制改革的典型案例和经验；(2)借助制度驱动，优化良好的新闻出版投融资环境，加强政策协调和政策指导，实现管理体系、市场体系、金融体系和新闻出版投融资体系的对接和完善，发挥金融、基金、股市、证券、产权的投融资功能，建立有利于出版传媒集团发展的投融资制度环境；(3)进一步厘清政府（管理主体）、市场（服务主体）、

企业(运行主体)三大主体之间的关系,深化“企事分开,管办分离”;(4)创新政府监管模式,合理兼顾企业集团投融资效率与公平、经济效益与社会效益实现。

其次,在中观方面,新闻出版投融资体制改革主要抓好宏观制度与企业集团微观运行机制的连接与联通问题。结合国外经验,其中关键点是做好投融资体系与金融系统对接,而其中处理好“两资”(社会资本和境外资本)进入问题、区域分割限制问题、培育引导问题等对于形成良好的新闻出版投融资体系尤为关键。

最后,在微观方面,出版传媒集团要借助制度激励、体制改革等方式不断优化投融资机制,结合新时期的技术、内容、平台、渠道、终端等在生产、销售、管理、服务方面的变化,不断研究期权、股权激励等在投融资方面的新问题、引入新机制,不断拓宽企业集团的投融资渠道,创新投融资模式,增强集团多方面的收益。

总之,结合上述制度研究与政策提议,本研究认为,面向出版传媒集团投融资效率提升的制度安排与体制改革,关键在于宏观上要宽、中观上要通、微观上要活。

第七章　研究结论及展望

第一节　研究结论

研究开篇即对研究的核心逻辑“制度→结构→功能→性质→体制→机制→效率/绩效”进行梳理和理论论证，进而分析研究的背景、意义、方法、创新等，希望开门见山、直切主题。新闻出版投融资体制变迁/改革是壮大产业和提高出版传媒集团投融资效率的激活器、助推剂和有效途径；出版传媒集团是新闻出版体制改革(包括投融资体制改革)的主要着力点，其投融资效率直接验证和标志着我国新闻出版体制改革效果，二者存在着紧密的内在互生关系；出版传媒集团投融资效率的验证也推动了新闻出版投融资体制的进一步改革和制度优化。具体论证及研究发现如下：

一、理论夯实：相对完善的理论依据整理与规范研究形成

首先，体制、企业集团与投融资效率等核心概念界定。本研究认为“体制”是一个中观概念，它包括制度和机制，是二者的中介传导要素；制度是其核心要素，而机制又是具体的外化

表现。因此，体制也经常表现为规范（制度）与机构（运行机制）的合体。在此基础上，本研究进而提出了投融资体制所包括的投融资管制制度与运行机制，实则是围绕政府、市场和企业三大主体所构建的完备制度安排、关系塑定与机制运行系统展开研究。本研究将出版传媒集团视为企业集团的一种特殊形式，分析了二者的相互关系及制度推动下的演化历程，并以业务主体类型的不同将出版传媒集团分为书刊出版社主体型集团、新闻报业与网络等传媒主体型集团、出版发行企业主体型集团、技术公司主体型集团和综合型集团五大类型。在效率理论梳理的基础上，本研究认可了投融资效率即投融资投入与产出比例的观点：一方面，它是对投融资效率最简洁、最根本的描述；另一方面，这一界定也符合投资（投入）、融资（产出）一体化的特征。

其次，本研究引入了分析研究的三大理论基础，并进行了必要的研究适用性分析：

（1）制度变迁理论。研究重点分析了制度生成路径与元制度。制度生成路径对后面制度的分类起到关键作用，而元制度则为后续的体制改革建议找寻到制度源头。这些理论对本研究体制变迁概念使用的内涵、外延限定有着至关重要的作用，并且为新闻出版投融资体制变迁中的影响要素及问题分析提供参照。

（2）企业集团理论。正如前述，出版传媒集团本质就是企业集团，其特殊之处就是文化或意识形态的特殊性。但是从投融资角度来说，或者说在资本市场，其主要的着力点是“文化产业”而不是“文化事业”。现行的母子公司或资本联结的企业集团运行模式，尤其是有学者提出的资本控制型、行政控制型、参与控制型和平台控制型四大出版传媒集团管控模式，对于其微观上投融资运行乃至制度规制都有着重要的区分价值和意义。

（3）研究进一步论证了投融资一体化理论演化过程，即“资本理论→投资理论→融资理论→投融资一体化理论”，也为投融资核心概念使用进行了文献论证;同时,论述中的融资理论的实物投资理论、金融投资理论、融资序位理论、金融成长周期理论等也为微观上出版传媒集团投融资运行机制提供了直接的借鉴和引用。

(4)国内外研究现状梳理。由三大理论基础推进,研究一开始将视角限定于国内体制变迁与出版传媒集团投融资效率研究文献论述。引入国外对比借鉴后,特别是2003年以来,随着国内相关研究的火热,此时的论证视野也在逐渐打开,主要形成了以“转企改制”为对象的体制(制度)研究和借助上市出版企业经验数据进行的实证研究两大主流,而本研究正是着眼于这两点的交叉与覆盖而展开的。

二、现状把握:体制变迁与出版传媒集团投融资发展脉络梳理

借助前述规范研究的基础奠定,本研究主要从“宏观(制度变迁)→中观(体制变迁)→微观(集团投融资运行)”进行分析。首先,研究分析了我国新闻出版投融资的三次制度演进:(1)1949—1978年“政府主导”的集权型投融资制度;(2)1979—2002年双轨制下“政府主导、市场参与”的分权型投融资制度;(3)“多元化市场”的导向型投融资制度。其次,在2001—2015年我国新闻出版投融资出台政策梳理基础上,研究从中观体制变迁层面分析了“内部产权/股权结构调整→外部市场结构优化→第三方金融系统融入→面向市场新闻出版多元化投融资系统确立”我国新闻出版投融资变迁逻辑路线。最后,研究从投融资主体培育、投融资渠道拓展和投融资模式创新三个方面建构了面向集团化投融资的微观企业运行路径,并形成了一定的经验借鉴,提出了集团及面向集团化发展两类出版单位投融资模式优序选择的建议。

三、机理剖析:出版传媒集团投融资效率的体制变迁作用机理

通过文献论证,研究构建了二者作用机理理论模型,借助问卷调查进

行探索性因子、验证性因子分析与结构方程拟合。结果发现：第一，体制变迁核心制度各要素之间作用关系显著。作为一级制度的制度环境变化成为整个模型中重要的控制变量，并对制度安排的三要素（政府投融资规制放松、投融资规范引导和人对制度的文化认同）产生了显著影响；同时，研究也发现了制度安排三要素之间的互动关系，从而得出，体制变迁的完善首先要实现制度结构、体系或者系统的完善，既要关注硬制度，又要重视道德、文化等软制度建设。第二，研究发现了投融资主体出版传媒集团自身建设及其投融资运行机制，即投融资行为是承载了制度与投融资效率（绩效）的重要中介变量。第三，研究通过投融资制度环境变化和投融资制度文化认同两个变量与集团投融资行为的负相关发现，“转企改制”后出版传媒集团传统的投融资制度路径依赖仍然存在，仍需加快通过优化其内外部环境和转变观念认知来推动出版传媒集团面向市场投融资发展。第四，通过投融资规范引导与集团股份制改造关系不显著的研究推知，我国出版传媒集团投融资制度变迁和面向市场投融资发展是由强制性变迁主导的。第五，理论模型的价值主要体现在两个方面：理论上，研究构建的分析维度及其测量量表，为后继相关研究提供了一定的方法参照和工具准备。实践上，对于管理者和制度设计者来说，能通过模型快速找到制度建设与设计的核心关键；而对于出版传媒集团等运行主体来说，模型能帮助其找到在管理、市场、服务之间的定位和运行逻辑，从而为其提高投融资效率提供理论支撑。对于金融系统、中介组织等服务主体来说，修正模型能让其观测到管理主体与出版传媒集团运行主体之间的作用机理及关系变化，从而增加与二者对接、融合的意愿和概率。

四、关系验证：基于上市出版传媒集团投融资效率评价及关系实证

首先，通过 DEA-BCC 模型的横向与 Malmquist 指数的纵向比较分析发现，我国新闻出版投融资体制改革对出版传媒集团投融资效率提升

产生了显著影响，特别是纯技术效率的快速提升，标志着我国出版传媒集团上市企业投融资外部制度环境优化与企业管理决策水平的不断提高；投融资带来了绝大多数集团上市企业规模的壮大，但却未能实现规模收益，尤其是在技术进步及技术创新中存在的问题导致一部分集团上市企业投融效率下滑；研究从技术、投融资手段完善和制度建设等方面提出了建议。

其次，借助 SE-DEA 模型，研究比较了 15 家出版传媒集团上市企业投融资技术效率（超效率），发现分年度实现超效率的企业数为 2011 年 5 家、2012 年 2 家、2013 年 2 家、2014 年 0 家、2015 年 4 家；通过 5 个年度均值的比较可见，5 年中有 1 年实现了超效率（2011 年均值为 1.191）；对单个企业 5 年均值比较可见，15 家集团上市企业中共有 4 家实现了超效率，占比 20%。鉴于上市时间短等因素，我国出版传媒集团上市企业投融资效率总体表现尚可，但仍有很大发展空间。

最后，研究引入股权结构作为体制变迁的替代衡量指标，并以股权制衡度、股权集中度作为股权结构衡量指标，验证了其与出版传媒集团投融资技术效率的关系。结果发现：在股权制衡度方面，2011—2015 年出版传媒集团上市企业股权制衡度总体比值都不是很高，年度均值变化不大，相比而言，只有新华传媒（0.857）、博瑞传播（0.638）两家相对较好；在股权集中度方面，从第一大股东持股比例（指数）、前五位股东持股比例之和、第一大股东持股比例与第二大股东持股比例比值、前五位股东持股比例平方和进行测算，发现这四个指标测算下的集团上市企业股权集中度都比较高。研究进而借助 Tobit 模型进行回归分析发现，出版传媒集团投融资技术效率与股权制衡度负相关，而与股权集中度却是正相关，二者的关系是线性关系，而非“U”型关系。

五、政策建议：面向出版传媒集团投融资效率提升制度安排与体制改革

首先，宏观层面上，制度要实现元制度驱动与监管创新。具体就是要实施元制度规制放松，并要促进新闻出版投融资路径依赖创新；培育和优化外部投融资环境，加强政策协调和政策指导；进一步理顺政府与出版主体的责、权、利，确立集团/企业市场主体地位；优化政府监管模式，确保企业集团投融资效率与社会效益的兼顾。

其次，中观层面上，体制改革要满足产业投融资体系确立的制度供给、机制激活需求；完善出版资本与金融资本对接，有序吸纳社会资本和境外资本；放宽战略投资者范围，引入业外和境外战略投资者；通过并购、重组，突破地方保护，打破条块分割，突破所有制界限；引进信托机制，构建全国性新闻出版产业基金。

最后，微观层面上，出版传媒集团要做到投融资运行机制的不断优化，尤其注重规模效益提升与股权改革。一方面要借助多种手段，提升出版传媒集团投融资规模效益；另一方面要进一步推动集团股权改革与股权激励。由此，出版传媒集团需要提升自己的市场战略投资者主导地位及作用，不断拓宽企业集团的投融资渠道，创新投融资模式。

研究认为，市场运行机制在被激活的基础上，整个结构需要进一步地完善引导和促发新的体制改革和制度变迁，以形成不断优化的闭合良性运行循环。

第二节　研究不足及展望

一、研究不足

受研究时间、费用及数据的可获取性等限制，本研究的不足主要有以

下三点：

首先，对于体制变迁与投融资效率等概念的使用，因为前期相关研究较少或者使用频率不高，还未成为学界普遍采纳和认可的概念，因而对体制概念的内涵及外延会有一定的争议。

其次，作用机理理论建模及问卷调查过程的难度过大，导致问卷调查覆盖范围、投放量、回收量等受到很大影响，虽然最后实现了统计学意义，但与本研究原定理想的调研单位覆盖量、有效问卷数据量等还是有一定差距；同时，调研设置的一些专业性问题填答受制于被访者的认知、经验、理解甚至填写意愿，从而影响了问卷填写质量。这也是一直困扰国内外学术界进行问卷调查的普遍性问题。

最后，在效率评价及关系验证环节上，由于2010年年底“转企改制”完成前的大多数出版传媒集团为事业单位，其投融资基本就是政府拨款及银行贷款，所以，无论从质还是量上都还没有上升到投融资的层面；同时，虽然在第五章的效率评价环节，我们引入Malmquist指数进行出版传媒集团投融资效率评价的纵向比较，但是由于改制前有市场意义的投融资不存在以及相关数据不可获取，导致体制变迁的动态捕捉研究无法完成。

二、研究展望

研究认为，虽然由于数据不可获取等导致研究缺陷，但是现行的投融资体制一定是由过去变迁而来，如果非得硬性强求纵向对比而忽略对现存投融资体制测度与深度研究，是得不偿失的，毕竟学术研究的最大理论先导及实践价值就是对当下的制度或机制做出指导或启示。因此，后续研究可以从以下两个方面提高研究效率：

一方面，提高问卷调查的覆盖范围和样本量。可借助会议、会展等多种方式，通过拉长调研时间来实现有效样本量的增大，尤其要注意被调研人员的知识、经验、专业化程度和对传媒集团投融资的熟悉度,可以选择在一些集团的投融资部门或经营中心进行调研。

另一方面,随着我国出版传媒集团的不断做大,特别是上市集团数量的不断增加,假以时日,未来对体制变迁的动态研究可能会实现。

参考文献

[1] 柳斌杰.论文化体制改革[M].北京:人民出版社,2013(10):4.

[2] 诺斯.制度、制度变迁与经济绩效[M].杭行,译.上海:格致出版社,2014(4):4-5,7-8.

[3] 斯科特.制度与组织:第三版[M].姚伟,王黎芳,译.北京:中国人民大学出版社,2010(3):59,150,161,190,193-198.

[4] 赵鑫.我国银行制度变迁研究(1949－2004)[D].西安:西北大学,2005(5):10,15,20.

[5] 出版传媒集团发展研究课题组.出版传媒集团发展十大趋势[J].出版发行研究,2014(5):13-17.

[6] 鲍红.国有民营并购:热闹中含隐忧[EB/OL].[2015-02-09].http://www.nupmg.com/newsview.aspx? id＝2811.

[7] 郭全中.2014 年传媒业市场并购报告[EB/OL].[2015-05-14].http://guoquanzhong.baijia.baidu.com/article/60783.

[8] 赵曙光.美国媒介上市的操作与运营[J].新闻导刊,2002(5):33-35.

[9] 石莉萍,苏朝勃.国际传媒并购特点及对我国的启示[J].湖南大众传媒职业技术学院学报,2008(1):68-71.

[10] 柳斌杰.打造出版战略投资者——《出版集团战略投资论》序言[J].现代出版,2011(5):72-73.

[11] 金得利.国际出版业:转型和并购成主旋律——解读 2015 年《全球出版

企业排名报告》[EB/OL].[2015-07-20].http://www.chuban.cc/gjcb/201507/t20150720_168638.html.

[12] 杨庆国,孙梦雨.我国出版产业国际市场进入模式选择研究[J].中国出版,2012(22):12-17.

[13] 杨庆国,吴渝,陈敬良.我国新闻出版产业国际营销渠道拓展及其制度安排研究[J].科技与出版,2015(2):67-70.

[14] 杨彬.论社会体制的构成[J].学术交流,1996(4):95-98.

[15] 赵理文.制度、体制、机制的区分及其对改革开放的方法论意义[J].中共中央党校学报,2009(5):17-21.

[16] 周冰.论体制概念及其与制度的区别[J].中国经济问题,2013(1):9-15.

[17] 陈云贤.布鲁斯经济模式的特点、内核及缺陷[J].兰州学刊,1990(5):28-32.

[18] 孙绵涛.体制论[J].南阳师范学院学报(社会科学版),2009(2):1-12.

[19] 王孝哲.试论社会制度及其基本制度与社会体制[J].安徽大学学报(哲学社会科学版),1995(4):49-53.

[20] 李友梅.关于社会体制基本问题的若干思考[J].探索与争鸣,2008(8):4-7.

[21] 横山宁夫.社会学概论[M].上海:上海译文出版社,1983(10):205.

[22] 青木昌彦,奥野正宽.经济体制的比较制度分析[M].魏加宁等,译.北京:中国发展出版社,2005(1):1.

[23] 格雷戈里,斯图尔特.比较经济体制学[J].上海:上海三联书店,1988(6):7-8.

[24] 鲍去病.对经济制度、经济体制及其运行机制的认识[J].中国工业经济,1994(10):16-18.

[25] 杨彬.社会体制初论[J].学习与探索,1995(4):92-96.

[26] 尹章池.中国出版体制改革研究[D].武汉:武汉大学,2005(4):16.

[27] 司晴川.有关文化产业管理体制概念问题的探究[J].理论月刊,2014

(6):124-126.

[28] 李松林.体制结构与输出:一个关于我国政府公信力问题的分析架构[J].理论月刊,2014(4):103-106.

[29] 徐永祥.社会体制改革与和谐社会建构[J].学习与探索,2005(6):20-24.

[30] 孔伟艳.制度、体制、机制辨析[J].重庆社会科学,2010(2):96-98.

[31] 孙绵涛.关于体制改革与制度创新关系的思考[J].晋中学院学报,2009(6):28-30,76.

[32] 柯武钢,史漫飞.制度经济学:社会秩序与公共政策[M].北京:商务印书馆,2000(11):35,119,127,131,162,167,171,165-166.

[33] 马维野.体制论[J].科学学研究,1997(2):13-17.

[34] 金东日.论体制及其先进性[J].学海,2012(1):103-108.

[35] 江宁.湖南水利投融资体制改革研究[D].长沙:湖南大学,2013(4):9.

[36] 郑洪涛.中国农业投融资:制度变迁与行为分析[D].武汉:华中农业大学,2001(5):15.

[37] 沈山州.中国投资体制的变迁及其对投资效率的影响:政府的视角[D].上海:复旦大学,2003(5):18-20.

[38] 刘俊霞.投资制度变迁与投资结构优化[J].中南财经大学学报,1998(3):61-66.

[39] 王书会.中国铁路投融资体制改革研究[D].成都:西南交通大学,2007(5):24-26.

[40] 刘伯根.出版集团战略投资论[M].北京:新星出版社,2001(7):42,53.

[41] 周建新.中外出版集团比较研究[J].电子出版,2003(5):28-33.

[42] 陈敏.公司治理与投融资效率问题研究[D].武汉:中国财经政法大学,2006(5):8,11,42-45.

[43] 车圣保.效率理论述评[J].商业研究,2011(5):31-35.

[44] 刘小怡.X效率理论与经济增长方式的转变[J].华中师范大学学报(人文社会科学版),1998(4):75-82.

[45] Harvey Leibenstein. Allocation Efficiency vs. "X-Efficiency"[J]. American Economic Review, 1966, 56(3): 392-415.

[46] 张良悦,刘东. X效率理论的内在局限与发展困境[J]. 山西财经大学学报,2007(11):8-15.

[47] 王玉海. 诺斯"适应性效率"概念的内涵及其对我国制度转型的启示——兼议我国过渡性制度安排依次替代过程中的动态适应性问题[J]. 制度经济学研究,2005(1):116-134.

[48] 毕泗锋. 经济效率理论研究述评[J]. 经济评论,2008(6):133-138.

[49] 许珺. 中国农业上市公司投资效率研究[D]. 长春:吉林农业大学,2013(6):22.

[50] 王娟. 上市公司投资效率评价与影响因素研究[D]. 长沙:湖南大学,2013(10):22-23.

[51] 杨静光. 制度效率—管理能力[EB/OL]. [2013-04-27]. http://wenku.baidu.com/view/72616ba1d1f34693daef3e9f###.

[52] 菲吕伯顿,瑞切特. 新制度经济学[M]. 上海:上海财经大学出版社,1998:422-428.

[53] 百多万. 交易费用理论[EB/OL]. [2013-10-05]. http://www.docin.com/p—707962156.html.

[54] 张仁德,王昭凤. 元制度设计与中国国有企业产权改革[J]. 经济社会体制比较,2005(5):91-99.

[55] 吴凡,谷玉安. 制度的生成:自然演化还是人为设计[J]. 理论观察,2006(5):22-23.

[56] 吴盛光. 公共选择理论的宪政经济学——新政治经济学的元制度研究途径[J]. 淮阴师范学院学报(哲学社会科学版),2007(5):601-605.

[57] 王箭,王俊. 我国政府治理高房价问题的元规则建构——以布坎南宪政经济学元规则理论为分析视角[J]. 税务与经济,2014(2):40-46.

[58] 青木昌彦. 比较制度分析[M]. 上海:上海远东出版社,2001(12):34-36.

[59] 张旭昆.制度系统的结构分析[J].数量经济技术经济研究,2002(6):62-65.

[60] 周冰.论体制的制度结构[J].经济纵横,2013(2):17-21.

[61] 杨瑞龙.论制度供给[J].经济研究,1993(8):45-52.

[62] 横山宁夫.社会学概论[M].上海:上海译文出版社,1983(10):225-226.

[63] 科斯,阿尔钦,诺斯,等.财产权利与制度变迁——产权学派与新制度学派译文集[C].上海:三联书店上海分店,1994(12):329.

[64] Theodore W Schultz.Institutions and the Rising Economic Value of Man[J]. American Journal of Agricultural Economics,1968(50):1113-1122.

[65] 余亚梅.政府偏好与制度变迁:以收容遣送制度为案例的研究[D].上海:复旦大学,2011(9):24.

[66] 百度百科.诱致性制度变迁[EB/OL].[2015-01-30].http://baike.baidu.com/link? url=JX266_LJOWrUJBuZcTXZovldX0AyWGEg_7aXSax4D76JHoRRDU_PiWkpwCwIK5q1K06-sXcb3IXARx7UCNBqra.

[67] 周本炎.作为分析框架的制度安排的需求与供给——读《制度分析与发展的反思——问题与抉择》[J].企业技术开发月刊,2014(5):56-57.

[68] 奥斯特罗姆,菲尼,皮希特.制度分析与发展的反思——问题与抉择[C].王诚,等,译.北京:商务印书馆,1998(9):155.

[69] 林毅夫.关于制度变迁的经济学理论:诱致性变迁与强制性变迁[A].科斯,阿尔钦,诺斯,等.财产权利与制度变迁——产权学派与新制度学派译文集[C].上海:三联书店上海分店,1994(12):371.

[70] 百度文库.制度变迁的动因理论[EB/OL].[2014-04-21].http://wenku.baidu.com/link? url=OSLR3sM6XqxIL5HXgBJkKshHjtA0HVU1D1fhvShJ9EnAZ8_cWMYtZSoVMrtTl4GUKZ3Qm2PxN-n4PDI3ctUbSw2ezV_ki0bEw9Zfj9Kf9mu.

[71] 陆林,葛敬炳,苏静.基于制度变迁的浙江省民营资本旅游投资行为研究[J].旅游学刊,2008(5):33-37.

[72] 卞地诗，李兆友.制度变迁理论视野中的新时期传媒体制变革[J].社会学辑刊，2012 (3)：252-255.

[73] 刘汉民.路径依赖理论研究综述[J].经济学动态，2003(6)：65-69.

[74] 百度百科.制度变迁理论[EB/OL].[2011-11-06].http：//wenku.baidu.com/view/83837ceee009581b6bd9ebcd.html.

[75] 韩毅."路径依赖"理论与技术、经济及法律制度的变迁[J].辽宁大学学报(哲学社会科学版)，2010(3)：121-128.

[76] 许莉，万春.中国财政体制演进中的路径依赖和制度创新[J].技术经济与管理研究，2010(4)：110-113.

[77] 汪洪涛.制度经济学：制度及制度变迁性质解释[M].上海：复旦大学出版社，2009(10)：63.

[78] 仲伟周.论企业集团的本质与功能——企业集团形成及其运作边界的经济学分析[J].当代经济科学，2001(1)：62-68.

[79] 于东明，齐洪华.企业及企业集团形成与发展新论——企业扩张过程中的梭形理论研究[J].经济问题，2015(7)：24-28.

[80] 杨小凯，黄有光，张玉纲.专业化与经济组织——一种新兴古典微观经济学框架[M].北京：经济科学出版社，1999(1)：231.

[81] 吕源，姚俊，蓝海林.企业集团的理论综述与探讨[J].南开管理评论，2005(4)：29-35.

[82] 黄咏梅.企业集团母公司与母合优势的形成[J].经济体制改革，2008(1)：85-89.

[83] 姚荣杰.我国出版集团公司治理结构建设的思考[J].中国出版，2012(14)：56-58.

[84] 朱静雯.出版发行集团母子公司管理与控制模式的分析比较[J].图书情报知识，2002(1)：86-89.

[85] 阳松谷.出版集团转企改制和股份制改造策略分析[J].出版发行研究，2008(11)：22-25.

[86] 李嘉荣.西部城市化投融资效率研究[D].重庆:重庆大学,2007(4):13.

[87] 侯一边.对投资理论的再认识[J].经济问题探索,2002(9):28-30.

[88] 燕继荣.资本理论的演进与社会资本研究的意义[J].学海,2006(4):54-68.

[89] 方拥军,颜嘉颖,闫万鹏.企业战略转型中的资本运作与投融资能力提升[J].新智慧:财经版,2014(1):20-23.

[90] 陈万江,郭丹.现代企业融资方式与技巧[M].成都:西南财经大学出版社,2001(6): 1-2.

[91] 黄奇帆.搞好资本运营 激活地方经济[J].求实,2001(11):28-31.

[92] 韩复龄.资本运营与企业投融资决策[EB/OL].[2013-04-09].http://wenku.baidu.com/link? url = gqXpfurgV2X6a7fumWVRH3nhpu9dxHA_bFQfxSmyazH6H4dXaG4ZAWhuGi — mAwVlF63IPLeab8KHTErvDf_Nh0wzsjOr—np4k_3BYs—7g8m.

[93] 鹿彦,李玉江.跨期消费与投资理论对新古典经济学的超越[J].北方论丛,2010(2):146-148.

[94] 谷秀娟.现代投融资——理论、工具与策略[M].上海:立信会计出版社,2007(6):5-6.

[95] 林梅.投资理论研究文献综述[J].财经理论与实践,2004(3):58-61.

[96] 王少国.现代西方投资理论研究述评[J].首都经济贸易大学学报,2005(6):5-10.

[97] 马冀勋.托宾的Q投资理论与资本市场均衡机制[J].中央财经大学学报,2008(10):72-77.

[98] 马宏,刘银凤,于敬礼.企业投资理论中的投资——金融关系分析[J].经济问题,2006(11):67-69.

[99] 杜丽群.西方投资理论及其借鉴意义[J].中央财经大学学报,2000(12):11-15.

[100] 百度百科.国际投资理论[EB/OL].[2015-07-10].http://baike.baidu.com/link? url=Yp9imHRVxiBDNWbJj11kWdspet6mQFJMUek1BM

Mk_NgVMDcss3LUVufZ－bhsdj4j8JgC3GVScIg－wjUafriac_.

[101] 威廉姆森.资本主义经济制度——论企业签约与市场签约[M].北京：商务印书馆，2002：8 .

[102] 谷秀娟.现代投融资——理论、工具与策略[M].上海：立信会计出版社，2007(6)：7，14.

[103] 冯彬.企业投融资[M].上海：上海财经大学出版社，2004(5)：28.

[104] 张维迎.公司融资结构的契约理论：一个综述[J].改革，1995(4)：109-116.

[105] 杨长汉.中国企业年金投资运营研究[M].北京：经济管理出版社，2010(1).

[106] 黄泽先，彭中云.公司融资结构理论综述[J].经营管理者，2013(5)：155.

[107] 朱明方.融资结构理论综述[J].价格月刊，2015(6)：36-37.

[108] 杜铁龙.现代企业金融理论中的新融资结构理论综述[J].中小企业管理与科技旬刊，2012(34)：67-68.

[109] 黄泽先，彭中云.公司融资结构理论综述[J].经营管理者，2013(5)：155.

[110] 陈建明.中小企业融资结构理论与经验研究述评[J].经济学动态，2009(11)：80-82.

[111] 葛红玲，熊晶.产业组织理论与资本结构理论融合研究综述[J].北京工商大学学报(社会科学版)，2012(1)：95-101.

[112] 陈珏宇，叶静雅.现代企业资本结构理论研究及其发展[J].广西大学学报(哲学社会科学版)，2008(6)：36-44.

[113] Brander J A，Lewis T R.Oligopoly and Financial Structure：The Limited Liability Effect [J].American Economic Review，1986，76(5)：956-970.

[114] 邱冬阳，陈林，李伟.西方资本结构理论的演进：一个文献综述[J].沿海企业与科技，2009(6)：1-5.

[115] Willamson Oliver. Corporate Finance and Corporate Governance[J]. Journal of Finance，1988(43)：567-591.

[116] Jon Vilasusoh, Alanson Minkler. Agency Costs, Asset Specificity and the Capital Structure of the Firm [J]. Journal of Economic Behavior & Organization, 2001(44): 55-69.

[117] 岳中刚.基于产业组织视角的资本结构研究综述[J].当代财经,2006(6):89-93.

[118] 朱坤林.中小企业融资理论综述[J].商业研究,2011(5):36-42.

[119] Weston J F, Brigham E F. Managerial Finance (6th Edition) [M]. Hinsdale: Dryden Press, 1978: 45.

[120] Berger A N, Udell G F. The Economics of Small Business Finance: The Roles of Private Equity and Debt Markets in the Financial Growth Cycle[J]. Journal of Banking & Finance, 1998, 22(6-8): 613-673.

[121] Gregory B T, Rutberford M W, Sharon Oswald, et al. An Empirical Investigation of the Growth Cycle Theory of Small Firm Financing[J]. Journal of Small Business Management, 2005(43): 383-392.

[122] 覃家琦,齐寅峰,李莉.企业投融资互动机制理论综述[J].经济评论,2008(1):155-160.

[123] 龚凯颂.我国企业投融资理论研究回顾与展望[J].财会通讯,2009(1):15-22.

[124] 慕刘伟.国际投融资理论与实务[M].成都:西南财经大学出版社,2005(7):20-23.

[125] 魏鹏举,周正兵.文化产业投融资[M].长沙:湖南文艺出版社,2008(10):3.

[126] 冯彬.企业投融资[M].上海:上海财经大学出版社,2004(5):1.

[127] 丁胜红,王睿.投融资一体化、产权性质与投融资效率[J].中南财经政法大学学报,2014(6):60-67.

[128] 张燕.中国传媒上市公司投融资问题研究[D].武汉:武汉大学,2009(4):24.

[129] Alexander Gerschenkron. Economic Backwardness in Historical Perpective: A Book of Essays[M].Cambridge Harvard Universiy Press,1962(1).

[130] Stain,J C.Internal Capital Markets and the Competition for Corporate Resources[J].The Journal of Finance,1997,52(1):111-133.

[131] Malmendier U,Tate G.CEO Overconfidence and Corporate Investment [J].The Journal of Finance,2005,60(6):2661-2700.

[132] Sapienza,P.The Effects of Government Ownership Bank Lending[J]. Journal of Financal Economics,2004,72(9):357-384.

[133] Billett MT,Mauer D C.Diversification and the Value of Internal Capital Markets: The Case of Tracking Stock [J]. Journal of Banking & Finance,2000(24):1457-1490.

[134] Hoshi T,Kashyap A,Scharfstein D.Corporate Structure,Liquidity,and Investment: Evidence from Japanese Industrial Groups [J]. The Quarterly Journal of Economics,1991,106(1):33-60.

[135] Khanna T,Palepu K.Why Focused Strategies May be Wrong for Emerging Markets[J].Harvard Business Review,1997,75(4):41-48.

[136] Gertner R H,D S Scharfstein,J C Stein.Internal versus External Capital Markets [J]. The Quarterly Journal of Economics, 1994 (35): 1211-1230.

[137] Stein J C. Agency, Information and Corporate Investment [M]. Handbook of the Economics of Finance,2003(1).

[138] Prowse M.Is America in Decline? [J].Harvard Business Review,1992, 70(4):34-455.

[139] Rajan R,Servaes H,Zingales L.The Cost of Diversity:The Diversification Discount and in Efficient Investment[J].The Journal of Finance, 2000,55(1):35-80.

[140] 耿静.集团化运作的融资约束缓解与投资效率研究——基于制造业上

市公司的经验分析[D].天津:天津财经大学,2013(5):6.

[141] Stein J C.Agency,Information and Corporate Investment[M].Handbook of the Economics of Finance,2003(1).

[142] Khanna T,Palepu K.Is Group Affiliation Profitable in Emerging Markets? An Analysis of Diversified Indian Business Groups[J].Journal of Finance,2000,55(2):867-891.

[143] Almeida H V,Wolfenzon D A. Theory of Pyramidal Ownership and Family Business Groups[J]. The Journal of Finance, 2006, 61(6): 2637-2680.

[144] 姚洋.制度与效率——与诺斯对话[M].成都:四川人民出版社,2002(10):119-120,52.

[145] Djankov,Simeon et al.Who Owns the Media? [J].Journal of Law and Economics,2003,46(2):341-381.

[146] David Croteau,William Hoynes.The New Media Giants:Changing Industry Structure[A].The Business of Media:Corporate Media and the Public Interest[C].Thousand Oaks,CA:Pine Forge,2001:71-107.

[147] 亚历山大,等.媒介经济学:理论与实践:第三版[M].丁汉青,译.北京:中国人民大学出版社,2008(6):15,130,234.

[148] 柳斌杰.推动新闻出版体制改革"四个"突破构建市场体系[J].新疆新闻出版,2009(5):20-23.

[149] 孙旭培.新闻投融资体制创新[J].新闻界,2001(2):8-10.

[150] 周蔚华,闫伟华.出版体制改革的深层逻辑[J].国际新闻界,2010(7):90-95.

[151] 魏玉山.文化产业改革如何走向深入——以新闻出版业为例[J].人民论坛·学术前沿,2012(2):80-86.

[152] 李春生.我国出版投融资体制改革探讨[N].中国新闻出版报,2008-08-27(7).

[153] 李瑞.出版上市企业投融资关系研究 [J].现代出版,2014(6):20-23.

[154] 张燕.中国传媒上市公司投融资问题研究[D].武汉:武汉大学,2009.

[155] 柳斌杰.打造成出版战略投资者——《出版集团战略投资》序言[J].现代出版,2011(5):72-73.

[156] 谭跃.坚持改革不动摇 争创发展新优势 努力成为全国文化产业重要的战略投资者[J].中国编辑,2009(5):15-16.

[157] 王建辉.推出联合重组,加快培育出版传媒骨干企业和战略投资者[J].中国出版,2009(6):17-19.

[158]《出版发行研究》课题组.出版传媒集团资本运营:成绩、问题、建议[J].出版发行研究,2012(1):9-14.

[159]《出版传媒》集团课题组.出版传媒集团的地位与创新发展状况分析[J].出版发行研究,2013(4):26-30.

[160] 庞沁文,等.出版传媒集团发展十大趋势[J].出版发行研究,2014(5):13-17.

[161] 何骏,莫林虎.上市出版企业投资战略新探[J].中国出版,2009(5):44-47.

[162] 盛虎,王冰.我国出版传媒类上市公司投资战略研究[J].中国出版,2012(4):6-10.

[163] 杨荣.出版传媒集团多元化战略转型方向研究[J].现代出版,2015(6):11-15.

[164] 龙阳.我国上市出版传媒集团募集资金投向初探[J].出版发行研究,2008(8):10-13.

[165] 潘文年,寇泽梅.中国出版业“走出去”:新建式投资模式分析[J].科技与出版,2009(10):16-19.

[166] 裴永刚, 李珮.出版企业对外直接投资的策略思考[J].出版发行研究,2011(5):54-57.

[167] 周正兵.出版类上市公司投资行为的实证分析——我国出版产业培育

战略投资者的现实思考之二[J].编辑之友,2011(1):54-57.

[168] 孙建军,王浩,朱鸿军.中国传媒上市公司投融资行为研究[J].江海学刊,2011(3):90-90.

[169] 戴新华,林如鹏.传媒上市公司投资行为研究——中、美对比的视角[J].现代经济探讨,2014(9):88-92.

[170] 戴钰.中国文化传媒上市公司投融资行为影响因素研究[J].财经理论与实践 2015(3):55-59.

[171] 何奎.当前新闻出版业投融资现状、问题及对策[J].中国出版,2014(11):10-14.

[172] 姚德权.欧美新闻出版企业融资模式分析及其启示[J].出版发行研究,2008(1):9-14.

[173] 柯维.新一轮新闻出版体制改革的新思考[J].中国编辑,2009(3):4-6.

[174] 赵卫斌.新闻出版企业上市方式的选择[J].中国出版,2011(20):3-5.

[175] 许天骆.我国出版集团上市模式博弈分析[J].编辑之友,2012(6):23-25.

[176] 刘硕,李杨,陈鹤杰.传统出版企业上市公司和新媒体出版企业上市公司发展的对比分析[J].科技与出版,2015(10):13-18.

[177] 莫林虎,何骏.从业外企业并购案例看中国出版企业并购策略[J].中国出版,2010(1):42-44.

[178] 梁小建,于春生.国外传媒集团的并购经营及对我国出版业的启示[J].中国出版,2011(2):13-16.

[179] 周玉波,王菲.国外传媒集团并购策略及其借鉴价值[J].现代出版,2012(7):60-64.

[180] 周斌.凤凰出版传媒集团海外拓展战略路径与模式探析[J].出版发行研究,2015(9):10-13.

[181] 孙绍荣.制度工程学——孙氏图与五种基本制度结构[M].北京:科学出版社,2015(1):1-5,11-17,59,69.

[182] 唐溯.我国出版上市公司绩效综合评价[J].出版发行研究,2010(8):5-10.

[183] 何志勇.我国出版上市公司经营情况比较分析[J].科技与出版,2013(9):27-30.

[184] 杨东星,李多.出版类上市公司近年经营情况比较分析——以天舟文化、出版传媒和时代出版为例[J].中国出版,2013(1):57-61.

[185] 贾靓琨,张晓斌.出版发行上市公司经济竞争力比较[J].出版发行研究,2013(10):47-52.

[186] 朱乃平,赵奇,王谈斌.我国出版业上市公司绩效与运营能力分析[J].现代出版,2014(1):41-44.

[187] 王红英.出版传媒业上市公司盈利能力影响因素分析[J].中国出版,2013(12):43-47.

[188] 姚德权,李倩,张佳.出版上市公司股权结构对企业效率影响的实证研究[J].现代出版,2012(6):5-9.

[189] 陈鸿瑞.基于 DEA 模型的我国出版上市公司经营效率研究[D].南宁:广西大学,2013(5):3.

[190] 朱乃平,韩文娟,张溪.基于 DEA 模型的出版业上市公司投入产出效率测度研究[J].科技与出版,2014(5):172-175.

[191] 朱华桂,乔联宝.产业政策对企业盈利能力影响分析——以上市新闻出版类企业为分析样本[J].中国出版,2016(1):25-28.

[192] 朱敏.新中国成立以来我国出版业融资方式回溯[J].中国出版,2009(8):21-23.

[193] 郭赫男.我国传媒投融资体制的演变及其走向[J].新闻界,2004(4):50-51.

[194] 张新华.转型期中国出版业制度分析[M].北京:中国传媒大学出版社,2010(9):47-57.

[195] 于友先.新中国出版五十年[EB/OL].[2006-12-08].http://www.pub-

history.com/img/text/4/2134.htm.

[196] 柳斌杰.坚持深化改革 力促融合发展——如何扎实推进文化强国建设[N].人民日报，2013-03-08(15).

[197] 陆颖.论当前我国出版业的产业类型及其变迁方向[J].现代出版，2013(2)：14-18.

[198] 焦贵萍.重组、并购、上市浪潮下的中国出版[EB/OL].[2012-10-08].http://theory.people.com.cn/n/2012/1008/c40531－19185672.html.

[199] 曾少雄.论促进我国新闻出版上市企业发展的三大政策[J].中国编辑，2012(6)：15-24.

[200] 中国文化传媒网.《文化部关于鼓励和引导民间资本进入文化领域的实施意见》解读[EB/OL].[2012-07-19].http://www.ccdy.cn/zhuanti/2012zt/2012dongman/jiedu/201207/t20120719_336621.htm.

[201] 周正兵.我国出版集团产权改革中引进战略投资者的思考[J].出版发行研究，2009(2)：12-14.

[202] 谷秀娟.现代投融资——理论、工具与策略[M].上海：立信会计出版社，2007(6)：9.

[203] 柳斌杰.开创新闻出版业改革发展新局面[J].求是，2010(23)：30-32.

[204] 中国新闻出版研究院.2013 年新闻出版产业分析报告[EB/OL].[2014-07-15].http://www.xwcbj.gd.gov.cn/news/html/qgtj/article/1405381359018.html.

[205] 徐建华，陈伟.前进一步海阔天空——对出版集团债券融资的几点思考[J].出版广角，2003(8)：23-25.

[206] 杨庆国，陈敬良，徐君兰.我国新闻出版企业上市融资模式研究[J].上海理工大学学报(社会科学版)，2014(1)：79-84.

[207] 钱志新.产业金融[M].南京：江苏人民出版社，2010(6)：10-17.

[208] 百度百科.产业金融[EB/OL].[2013-05-10].http://baike.baidu.com/view/3428906.htm..

[209] 李洋，耿诺.北京首创版权信托融资模式 首批30个项目挂牌[EB/OL].[2009-05-09].http://beijing.qianlong.com/3825/2009/05/09/118@4982762.htm.

[210] 杨延超.版权信托制度研究[J].知识产权，2011(2):82-87.

[211] 文杰，文鹏.版权信托制度:版权运用机制的创新[J].出版发行研究，2012(1):52-55.

[212] 魏彬.我国数字出版业知识产权证券化交易探析[J].编辑之友，2011(5):99-101.

[213] 郝春晖，周晓宏.基于知识产权融资的安徽文化创意产业融资模式[J].安徽广播电视大学学报，2012(1):59-62.

[214] 冼雪琳.我国文化产业引入资产支持证券模式的难点与对策[J].开放导报，2010(4):63-69.

[215] 常明.制度环境与我国农业合作经济组织[J].中共中央党校学报，2012(2):57-60.

[216] 吴秋明，陈捷娜.集成视角下的产业集群组织结构模式研究[J].东南学术，2015(2):131-140.

[217] 池泽新，郭锦墉，陈昭玖，等.制度经济学的逻辑与中国农业经济组织形式的选择[J].中国农村经济，2003(11):61-65.

[218] 柳新元.制度安排的实施机制与制度安排的绩效[J].经济评论，2002(4):48-50.

[219] 青木昌彦，奥野正宽.经济体制的比较制度分析[M].魏加宁，等，译.北京:中国发展出版社，1999:304.

[220] 刘小玄，李利英.企业产权变革的效率分析[J].中国社会科学，2005(2):4-16.

[221] 罗必良.农业经济组织的制度逻辑——一个理论框架及其对中国农民经济组织的应用研究[M].太原:山西经济出版社，2000(8):10.

[222] 洪名勇，施国庆.论制度结构对经济增长的作用[J].郑州航空工业管理

学院学报,2006(4):34-40.

[223] BAGOZZI R P, YI Y. On the Evaluation of Structural Equation Models [J]. Journal of the Academy of Marketing Science, 1988, 16(1): 74-94.

[224] FORNELL C, LARCKER D F. Evaluating Structural Equation Models with Unobservable Variables and Measurement Errors[J]. Journal of Marketing Research, 1981, 18(1): 39-50.

[225] 李峰,沈惠璋,张聪.我国危机事件下从众意向模型——基于 Fishbein 合理行为模型的修正研究[J].管理学报,2012(3):451-458.

[226] 陈伟,周颖,吕巍.礼品二维结构属性对礼品购买意向的影响研究——基于 Fishbein 理性行为模型[J].工业工程与管理,2013(1):62-70.

[227] 解亚宁,普绍兴.AMOS 案例应用与数据解读[EB/OL].[2012-04-25]. http://www.doc88.com/p－915707514257.html.

[228] 朱敏.出版企业上市融资问题研究[D].苏州:苏州大学,2009:18-26.

[229] 薛辰.资本激发文化创造力 新闻出版业投融资体制改革取得突破[EB/OL].[2011-03-23]. http://www. sinobook. com. cn/dealer/newsdetail. cfm? iCntno＝8334.

[230] 鲁明月.我国出版传媒的整体上市研究[J].东南传播,2008(5):90-91.

[231] 姚德权."黄金股"为出版业资本运作注入新活力[EB/OL].[2008-03-28].http://www.chuban.cc/cbsd/200803/t20080325_34625.html.

[232] 王立亚,张春朗."媒介融合"与我国传媒的"特殊管理股制度"改革[J].声屏世界,2014(5):14-17.

[233] 冯莉, 张明倩.企业海内外上市环境比较分析[J].商业研究,2006(14):135-138.

[234] 马达,张方杰.我国企业境外上市的发展现状、利弊分析及对策[J].全国商情·经济理论研究,2006(1):69-71.

[235] 陶大坤.我国新闻出版企业上市路径选择探研[J].湖南大众传媒职业技术学院学报,2009(4):44-49.

[236] 元冬维.内地传媒在香港上市模式分析[J].青年记者,2008(A02):33-35.

[237] 冯文礼.部分新闻出版企业集团负责人畅谈改革发展感受[EB/OL].[2012-02-10]. http://cips. chinapublish. com. cn/chinapublish/jt/gz/201202/t20120220_101510.html.

[238] 谭扬芳.互联网企业纷纷海外上市的利弊分析[J].红旗文稿,2011(14):34-36.

[239] 朱丹红.中国传媒企业美国证券市场融资探析[J].中国出版,2012(4):11-14.

[240] 姚德权,张宏亮.基于 DEA-Tobit 模型的股权特征对出版企业运营效率影响的研究[J].现代传播,2014(11):67-74.

[241] 李葳,李丹.文化传媒类上市公司科技创新效率研究[J].科技与管理,2012(6):97-100.

[242] 孟媛,杨扬,陈敬良,等.我国科技型小微企业融资效率的实证研究[J].上海理工大学学报论文,2015(3):289-294.

[243] 陈伟,沙蓉,张永超,等.我国知识密集型产业专利创新绩效评价研究——基于 DEA-Malmquist 指数方法[J].管理评论,2013(8):39-45.

[244] 邓帆帆.中国传媒业上市公司生产效率研究——基于 DEA 模型的实证分析[J].莆田学院学报,2014(4):31-36,41.

[245] Anderson P,Peterson N C.A Procedure for Ranking Efficient Units in Data Envelopment Analysis[J].Management Science,1993,10(39):1261-1264.

[246] 胡根华,秦嗣毅."金砖国家"全要素能源效率的比较研究——基于 DEA-Tobit 模型[J].资源科学,2012(3):532-540.

[247] 李宏勋,兰致,王明丽,等.基于超效率 DEA-Tobit 模型的环渤海经济区全要素能源效率研究[J].科技管理研究,2014(20):226-230.

[248] 李宏舟,杨敏.服务外包产业投入产出效率及其影响因素研究[J].财经

问题研究，2013(5)：24-31.

[249] 郭彬，逯雨波.我国中部六省节能减排效率测评及其影响因素分析——基于超效率 DEA 模型和 Tobit 模型[J].技术经济，2012(12)：58-76.

[250] 胡根华，秦嗣毅."金砖国家"全要素能源效率的比较研究——基于 DEA-Tobit 模型[J].资源科学，2012(3)：532-540.

[251] 刘小玄，李利英.企业产权变革的效率分析[J].中国社会科学，2005(2)：4-16.

[252] 尹章池.中国出版体制改革研究[D].武汉：武汉大学，2005(4)：14.

[253] 诺斯.经济史中的结构与变迁[M].陈郁，等，译.上海：上海人民出版社，1994(12)：7，38.

[254] 梁树广，崔健，袁见.我国电力行业上市公司的股权结构与技术效率关系——基于超效率 DEA 模型和面板模型[J].会计与经济研究，2011(4)：78-86.

[255] 姚德权，张宏亮.基于 DEA-Tobit 模型的股权特征对出版企业运营效率影响的研究[J].现代传播，2014(11)：67-74.

[256] 周清杰.我国上市公司股权稳定性分析[J].经济理论与经济管理，1999(1)：16-21.

[257] 于东智.股权结构、治理效率与公司绩效[J].中国工业经济，2001(5)：85-96.

[258] 钱志新.产业金融[M].南京：江苏人民出版社，2010(6)：1，8-9.

[259] 邓明然.资本运营管理[M].北京：高等教育出版社，2006(7)：6-8.

[260] 李冬梅.当今世界著名出版集团资本运营实证探析[J].科技与出版，2008(9)：21-24 .

[261] 高宗仁.文化投资学[M].上海：上海文艺出版社，2005(6)：41-50.

附 录

附录1 体制变迁与出版传媒集团投融资效率研究调查问卷

尊敬的先生/女士：

您好！本次问卷调查旨在了解和掌握国家新闻出版投融资体制改革对出版传媒集团投融资效率的影响。项目来源：2012年国家新闻出版总署重点课题“新闻出版投融资体制改革研究”(A-2-2)。我们郑重承诺：本次问卷调查仅供学术研究使用，并严格保密您个人及集团所填信息，敬请放心。衷心感谢您的支持！

上海理工大学课题组

您的身份：A.集团管理人员　　B.普通职员　　(　　)

第一部分：出版传媒集团基本信息

1.贵集团登记类型：　　(　　)

A.国有企业　B.集体企业　C.有限责任公司　D.股份有限公司

E.私营企业　F.外商及港、澳、台商投资企业

2.贵集团的业务类型：　　(　　)

A.书刊出版社主体型集团　B.新闻报业、网络等传媒主体型集团

C.出版发行企业主体型集团 D.技术公司主体型集团 E.综合型集团

3.贵集团股份制改造完成情况： （ ）

A.已建成 B.转型阶段 C.未建成

第二部分：出版传媒集团投融资现状

4.贵集团投融资动机依次为（ ）[多选题]

A.扩大规模 B.实施发展战略 C.提高经营业绩

D.增加股东收入 E.盘活留存资金 F.扩大社会影响

5.贵集团投融资限制因素依次为（ ）[多选题]

A.政策规制 B.现金流不稳定 C.资金回报周期长 D.投融资渠道

E.投融资模式 F.主营业务成长风险性大

6.贵集团投融资渠道依次为（ ）[多选题]

A.银行等金融系统 B.股票市场 C.证券市场 D.基金

E.产权市场 F.并购

7.贵集团投融资方式依次为（ ）[多选题]

A.政府资助 B.银行贷款 C.留存收益 D.发行债券

E.上市投融资 F.私募投融资 G.产权市场投融资

8.贵集团采取上市融资的动机（ ）[非必答，多选题]

A.提升集团 B.股东财富倍增 C.规范公司治理

D.股权激励 E.财富合法化

9.贵集团不愿意上市融资的动机（ ）（非必答，多选题）

A.不缺钱，没必要上市 B.排队上市，所需时间长 C.改制成本过高

D.发审报批成功率低 E.上市容易丧失控制权

10.贵集团上市融资的主要优势依次为（ ）[多选题]

A.产权清晰 B. 高素质管理层 C.良好的发展前景

D. 规范关联交易 E.业绩支撑 F.同业竞争

11.贵集团投融资主营业务为(　　)[多选题]

A.传统出版主业板块(书、报、刊、声、光、电)

B.新业态(数字出版)板块

C.发行板块　　D.印务、广告、物流、酒店、物业、地产等实业板块

E.金融板块　　F.生物制药、技术研发等高新技术板块

12.贵集团投融资所考虑风险因素主要为(　　)[多选题]

A.政策风险　　B.技术变动风险　　C.产品生命周期风险

D.利率风险　　E.通胀风险　　F.财务风险

第三部分:体制变迁对出版传媒集团投融资效率的影响

操作提示:请依据您的经验、感受和判断对下列观点进行打分。"1"代表"非常不同意";"2"代表"不同意";"3"代表"一般";"4"代表"同意";"5"代表"非常同意"。请在所选的对应分值上画"√"或"○"。

测试维度	测试题项	非常不同意	不同意	一般	同意	非常同意
集团股份制改造	股份制改造有利于形成产权清晰的集团投融资主体	1	2	3	4	5
	股权多元化有利于出版传媒集团投融资	1	2	3	4	5
	集团现代公司治理制度形成与完善有利于其进行市场投融资	1	2	3	4	5
集团投融资行为	集团投融资资本和资源丰富	1	2	3	4	5
	体制改革会提高集团投融资效果(如主体壮大、渠道拓展和模式创新)	1	2	3	4	5
	体制改革产生了大量的投融资机会	1	2	3	4	5
制度环境变化	政府宏观管理引导了集团投融资发展	1	2	3	4	5
	市场竞争拉动了集团投融资发展	1	2	3	4	5
	金融系统完善支持了集团投融资发展	1	2	3	4	5
	法制体系健全保障了集团投融资发展	1	2	3	4	5
	集团发展内驱力推动了集团投融资发展	1	2	3	4	5

续表

测试维度		测试题项	非常不同意	不同意	一般	同意	非常同意
制度安排	政府规制放松	政府对集团投融资介入逐步淡化	1	2	3	4	5
		政府对集团投融资政策激励加大	1	2	3	4	5
		政府对集团投融资服务质量逐步提升	1	2	3	4	5
	投融资规范遵守	集团对于市场投融资规范自觉遵守逐步提升	1	2	3	4	5
		集团对于行业投融资规律自觉遵守逐步提升	1	2	3	4	5
		集团对于自身投融资义务自觉遵守逐步提升	1	2	3	4	5
	投融资制度安排认同	现行投融资制度安排是明智的	1	2	3	4	5
		现行投融资制度安排是合理的	1	2	3	4	5
		现行投融资制度安排是科学的	1	2	3	4	5
		现行投融资制度安排需要改进	1	2	3	4	5
投融资效率		改制后集团实际投融资效率高于预期	1	2	3	4	5
		改制后集团实际投融资效率低于预期	1	2	3	4	5
		投融资体制改革增大了集团的总体规模	1	2	3	4	5
		投融资体制改革扩大了集团的社会影响	1	2	3	4	5
		投融资体制改革提高了集团年度总收入增长率	1	2	3	4	5
		投融资体制改革提高了集团市场份额增长率	1	2	3	4	5
		投融资体制改革提高了集团资产周转率	1	2	3	4	5

附录2　15家出版传媒集团上市企业投融资投入/产出数据

年度	DMU	输入指标			输出指标		
		总资产/万元(zzc)	主营业务成本/万元(zyc)	员工总数/人(peop)	净利润/万元(jlr)	主营业务收入/万元(zys)	每股收益/元(mgs)
2011	中南传媒	1089322	351611	12432	80224	576164	0.45
	凤凰传媒	1235360	362486	7063	73923	583580	0.36
	浙报传媒	161715	70836	2666	22068	129247	0.66
	中文传媒	758615	567933	5168	48303	689494	0.85
	时代出版	410084	186769	2675	27271	237724	0.54
	博瑞传播	276400	66610	3757	39384	129702	0.63
	出版传媒	241096	106910	1450	6758	135688	0.12
	长江传媒	157920	160527	4597	28011	249993	0.46
	大地传媒	225329	136202	3241	14360	179184	0.33
	新华传媒	536287	140739	2440	18049	203281	0.17
	皖新传媒	480896	200834	4801	39676	298103	0.44
	新华文轩	762934	274503	7938	51680	448558	0.46
	粤传媒	140620	27654	750	37228	32266	0.03
	北青传媒	166746	73288	264	12271	75757	0.6
	现代传播	55219	25169	973	6027	58619	0.14
	中南传媒	1184916	420880	13717	94046	681145	0.52
	凤凰传媒	1328090	407871	7244	92721	647701	0.36
	浙报传媒	263003	766375	2743	22124	141265	0.52
	中文传媒	840502	848883	5149	50660	1000337	0.89
	时代出版	469378	249956	3131	30926	307962	0.62
	博瑞传播	313571	71013	4110	28578	133765	0.46
	出版传媒	246878	95697	1396	6777	121967	0.12
	长江传媒	451735	232014	4790	32656	336072	0.31

续表

年度	DMU	输入指标			输出指标		
		总资产/万元(zzc)	主营业务成本/万元(zyc)	员工总数/人(peop)	净利润/万元(jlr)	主营业务收入/万元(zys)	每股收益/元(mgs)
2012	大地传媒	259632	136203	2782	19718	179184	0.45
	新华传媒	599089	118938	2296	10898	171918	0.1
	皖新传媒	535777	245576	4726	49883	356488	0.55
	新华文轩	866344	278370	9320	62358	459214	0.56
	粤传媒	408780	118615	4779	27568	183952	0.4
	北青传媒	168583	66829	302	6346	69027	0.33
	现代传播	59575	27846	1057	6526	65531	0.15
2013	中南传媒	1301260	482051	15172	111064	787275	0.62
	凤凰传媒	1449666	599883	7163	95396	924237	0.37
	浙报传媒	656217	120834	3880	41108	230313	0.76
	中文传媒	1194098	962691	5110	63719	1138677	1
	时代出版	546741	362754	3114	34667	427225	0.69
	博瑞传播	483738	76550	4222	33805	149236	0.53
	出版传媒	261233	100343	1557	7003	128008	0.13
	长江传媒	637758	291643	4618	37821	409419	0.35
	大地传媒	293365	225794	2878	62322	282722	0.65
	新华传媒	620308	119854	2153	5950	175210	0.06
	皖新传媒	624928	333923	4563	60571	449547	0.67
	新华文轩	824878	310617	8539	62288	513507	0.55
	粤传媒	429277	98808	4895	30801	161544	0.45
	北青传媒	161252	64450	357	1727	66743	0.1
	现代传播	62184	27905	1076	3318	63118	0.07
	中南传媒	1514024	527978	15420	146876	886407	0.82
	凤凰传媒	1686384	614907	8531	120542	969356	0.47
	浙报传媒	708486	161806	4371	51730	301857	0.44
	中文传媒	1240370	840503	6623	80917	1050313	0.68

续表

年度	DMU	输入指标			输出指标		
		总资产/万元(zzc)	主营业务成本/万元(zyc)	员工总数/人(peop)	净利润/万元(jlr)	主营业务收入/万元(zys)	每股收益/元(mgs)
2014	时代出版	616564	463776	3109	38990	531998	0.77
	博瑞传播	484317	80917	3789	28095	158764	0.26
	出版传媒	280204	117107	1452	7501	144548	0.14
	长江传媒	717448	334229	4732	21049	457622	0.17
	大地传媒	857573	496554	15469	64172	688418	0.87
	新华传媒	583195	121464	2210	5042	168758	0.05
	皖新传媒	720814	437396	4330	69423	564044	0.76
	新华文轩	894821	325101	8259	63279	527864	0.56
	粤传媒	506182	93530	5044	22964	158865	0.33
	北青传媒	159559	68342	668	490	68077	0.05
	现代传播	67582	26824	1059	3779	60380	0.087
2015	中南传媒	1672289	583351	14112	169509	986625	0.94
	凤凰传媒	1791445	614907	8623	112410	969355	0.44
	浙报传媒	801939	199216	4602	61030	341252	0.51
	中文传媒	1760727	745881	7022	105796	1160162	0.78
	时代出版	685052	534321	3242	39302	596544	0.78
	博瑞传播	450269	70213	3400	7466	117515	0.07
	出版传媒	292406	121499	1447	8019	149986	0.15
	长江传媒	942340	1039980	4953	32455	1176303	0.27
	大地传媒	929865	495409	16133	70317	691416	0.89
	新华传媒	432294	105482	2110	5779	146414	0.06
	皖新传媒	792596	511411	5252	77277	647026	0.85
	新华文轩	1065501	345494	7914	64727	558257	0.57
	粤传媒	452609	90417	4493	−44542	126659	−0.38
	北青传媒	155442	55927	773	−5448	50926	−0.23
	现代传播	67974	29339	992	2059	59573	0.048

附录3　15家出版传媒集团上市企业投融资投入/产出归一化数据

年度	DMU	输入指标			输出指标		
		总资产/万元(zzc)	主营业务成本/万元(zyc)	员工总数/人(peop)	净利润/万元(jlr)	主营业务收入/万元(zys)	每股收益/元(mgs)
2011	中南传媒	0.8010	0.5812	0.9000	0.9000	0.7621	0.5098
	凤凰传媒	0.9000	0.5972	0.5470	0.8321	0.7711	0.4220
	浙报传媒	0.5768	0.1673	0.2579	0.2730	0.2180	0.7146
	中文传媒	0.5768	0.9000	0.4224	0.5558	0.9000	0.9000
	时代出版	0.3406	0.3382	0.2585	0.3291	0.3501	0.5976
	博瑞传播	0.2499	0.1611	0.3297	0.4597	0.2186	0.6854
	出版传媒	0.2260	0.2205	0.1780	0.1079	0.2259	0.1878
	长江传媒	0.1696	0.2995	0.3849	0.3370	0.3650	0.5195
	大地传媒	0.2153	0.2637	0.2957	0.1898	0.2788	0.3927
	新华传媒	0.4261	0.2703	0.2431	0.2296	0.3082	0.2366
	皖新传媒	0.3886	0.3589	0.3983	0.4628	0.4236	0.5000
	新华文轩	0.5797	0.4675	0.6045	0.5922	0.6067	0.5195
	粤传媒	0.1579	0.1037	0.1320	0.4364	0.1000	0.1000
	北青传媒	0.1756	0.1709	0.1000	0.1673	0.1529	0.6561
	现代传播	0.1000	0.1000	0.1466	0.1000	0.1321	0.2073
2012	中南传媒	0.8097	0.4830	0.9000	0.9000	0.6268	0.5253
	凤凰传媒	0.9000	0.4703	0.5140	0.8879	0.5982	0.3633
	浙报传媒	0.5925	0.8196	0.2456	0.2439	0.1648	0.5253
	中文传媒	0.5925	0.9000	0.3890	0.5042	0.9000	0.9000
	时代出版	0.3584	0.3164	0.2687	0.3242	0.3075	0.6266
	博瑞传播	0.2602	0.1421	0.3271	0.3028	0.1584	0.4646
	出版传媒	0.2181	0.1661	0.1652	0.1039	0.1483	0.1203
	长江传媒	0.3473	0.2989	0.3676	0.3400	0.3315	0.3127

续表

年度	DMU	输入指标			输出指标		
		总资产/万元(zzc)	主营业务成本/万元(zyc)	员工总数/人(peop)	净利润/万元(jlr)	主营业务收入/万元(zys)	每股收益/元(mgs)
	大地传媒	0.2262	0.2056	0.2479	0.2220	0.1973	0.4544
	新华传媒	0.4402	0.1888	0.2189	0.1415	0.1910	0.1000
	皖新传媒	0.4003	0.3122	0.3638	0.4971	0.3490	0.5557
	新华文轩	0.6088	0.3441	0.6378	0.6109	0.4369	0.5658
	粤传媒	0.3202	0.1884	0.3670	0.2936	0.2013	0.4038
	北青传媒	0.1687	0.1380	0.1000	0.1000	0.1030	0.3329
	现代传播	0.1000	0.1000	0.1450	0.1016	0.1000	0.1506
2013	中南传媒	0.8144	0.4887	0.9000	0.9000	0.6386	0.5766
	凤凰传媒	0.9000	0.5895	0.4675	0.7854	0.7405	0.3638
	浙报传媒	0.7526	0.1795	0.2902	0.3881	0.2244	0.6957
	中文传媒	0.7526	0.9000	0.3567	0.5536	0.9000	0.9000
	时代出版	0.3794	0.3866	0.2489	0.3410	0.3708	0.6362
	博瑞传播	0.3431	0.1416	0.3087	0.3347	0.1641	0.5000
	出版传媒	0.2148	0.1620	0.1648	0.1386	0.1483	0.1596
	长江传媒	0.4319	0.3257	0.3301	0.3641	0.3576	0.3468
	大地传媒	0.2333	0.2694	0.2361	0.5434	0.2633	0.6021
	新华传媒	0.4218	0.1787	0.1970	0.1309	0.1834	0.1000
	皖新传媒	0.4245	0.3619	0.3271	0.5306	0.3874	0.6191
	新华文轩	0.5398	0.3419	0.5418	0.5431	0.4350	0.5170
	粤传媒	0.3117	0.1607	0.3450	0.3127	0.1732	0.4319
	北青传媒	0.1571	0.1313	0.1000	0.1000	0.1027	0.1340
	现代传播	0.1000	0.1000	0.1388	0.1116	0.1000	0.1085
	中南传媒	0.8148	0.5927	0.8974	0.9000	0.7675	0.8512
	凤凰传媒	0.9000	0.6782	0.5250	0.7561	0.8346	0.5098
	浙报传媒	0.6796	0.2327	0.3001	0.3800	0.2951	0.4805
	中文传媒	0.6796	0.9000	0.4219	0.5395	0.9000	0.7146

续表

年度	DMU	输入指标			输出指标		
		总资产/万元(zzc)	主营业务成本/万元(zyc)	员工总数/人(peop)	净利润/万元(jlr)	主营业务收入/万元(zys)	每股收益/元(mgs)
2014	时代出版	0.3713	0.5296	0.2319	0.3104	0.4811	0.8024
	博瑞传播	0.3059	0.1532	0.2687	0.2509	0.1795	0.3049
	出版传媒	0.2051	0.1888	0.1424	0.1383	0.1680	0.1878
	长江传媒	0.4212	0.4022	0.3197	0.2124	0.4210	0.2171
	大地传媒	0.4904	0.5618	0.9000	0.4480	0.6075	0.9000
	新华传媒	0.3548	0.1930	0.1833	0.1249	0.1876	0.1000
	皖新传媒	0.4228	0.5037	0.2979	0.4767	0.5070	0.7927
	新华文轩	0.5088	0.3933	0.5103	0.4431	0.4778	0.5976
	粤传媒	0.3168	0.1656	0.3365	0.2228	0.1796	0.3732
	北青传媒	0.1455	0.1408	0.1000	0.1000	0.1062	0.1000
	现代传播	0.1000	0.1000	0.1211	0.1180	0.1000	0.1361
2015	中南传媒	0.8447	0.5385	0.7947	0.9000	0.7652	0.9000
	凤凰传媒	0.9000	0.5635	0.5089	0.6866	0.7529	0.5970
	浙报传媒	0.8857	0.2345	0.2994	0.4946	0.3064	0.6394
	中文传媒	0.8857	0.6672	0.4255	0.6619	0.8885	0.8030
	时代出版	0.3864	0.4997	0.2286	0.4134	0.4879	0.8030
	博瑞传播	0.2775	0.1324	0.2368	0.2944	0.1473	0.3727
	出版传媒	0.2042	0.1730	0.1351	0.2964	0.1704	0.4212
	长江传媒	0.5059	0.9000	0.3177	0.3878	0.9000	0.4939
	大地传媒	0.5001	0.4689	0.9000	0.5293	0.5553	0.8697
	新华传媒	0.2691	0.1603	0.1696	0.2881	0.1679	0.3667
	皖新传媒	0.4364	0.4816	0.3333	0.5553	0.5238	0.8455
	新华文轩	0.5630	0.3503	0.4719	0.5084	0.4606	0.6758
	粤传媒	0.2785	0.1483	0.2938	0.1000	0.1538	0.1000
	北青传媒	0.1406	0.1210	0.1000	0.2461	0.1000	0.1909
	现代传播	0.1000	0.1000	0.1114	0.2742	0.1061	0.3594

附录4　15家出版传媒集团上市企业前10大股东持股比例(%)

年度	名称	1	2	3	4	5	6	7	8	9	10
2011	中南传媒	61.46	3.62	3.23	2.78	2.22	1.67	1.62	1.24	0.61	0.34
	凤凰传媒	72.1	5.89	2	0.78	0.67	0.59	0.39	0.34	0.33	0.31
	浙报传媒	64.62	9.67	3.77	1.05	0.51	0.22	0.21	0.18	0.18	0.16
	中文传媒	74	2.01	0.62	0.44	0.39	0.27	0.17	0.16	0.14	0.13
	时代出版	58.22	9.12	1.97	1.59	1.42	1.2	1.19	0.98	0.95	0.95
	博瑞传播	23.62	11.1	2.69	2.31	1.81	1.59	1.58	1.33	1.05	1.01
	出版传媒	70.64	2.54	0.13	0.13	0.09	0.08	0.08	0.08	0.07	0.06
	长江传媒	58.49	8.74	1.7	1.64	1.36	1.26	0.99	0.94	0.82	0.78
	大地传媒	75.78	2.94	2.72	1.23	0.88	0.74	0.23	0.19	0.16	0.12
	新华传媒	30.58	23.49	6.25	0.92	0.79	0.48	0.39	0.28	0.27	0.26
	皖新传媒	75.4	6.85	1.14	1.14	1.13	1.09	0.6	0.27	0.15	0.09
	新华文轩	52.22	4.7	2.13	0.83	0.61	0.58	3.11	35.82	—	—
	粤传媒	37.33	2.49	0.96	0.9	0.85	0.77	0.67	0.55	0.51	0.42
	北青传媒	63.27	3.73	9.9	9.9	9.9	9.9	9.9	9.9	2.5	2.5
	现代传播	62.33	6.02	5.86	5.82	5.82	5.82	5.82	5.82	5.82	5.71
2012	中南传媒	61.46	3.62	3.23	2.78	2.22	1.67	1.62	1.26	1.24	0.75
	凤凰传媒	72.1	5.89	2	0.58	0.46	0.36	0.34	0.3	0.28	0.24
	浙报传媒	64.62	9.76	3.18	0.91	0.83	0.79	0.62	0.51	0.43	0.3
	中文传媒	74	2.01	1.62	1.15	0.76	0.46	0.45	0.35	0.35	0.32
	时代出版	58.44	9.12	1.97	1.42	1.3	1.19	1.07	0.95	0.95	0.62
	博瑞传播	23.62	11.1	1.57	1.56	1.35	1.07	0.89	0.85	0.51	0.48
	出版传媒	67.99	2.49	0.4	0.13	0.13	0.13	0.11	0.11	0.11	0.09
	长江传媒	65.76	1.7	1.64	1.36	1.26	0.99	0.94	0.82	0.78	0.75
	大地传媒	75.78	2.94	2.72	1.23	0.88	0.74	0.23	0.17	0.12	0.12

续表

年度	名称	1	2	3	4	5	6	7	8	9	10
	新华传媒	30.58	23.49	6.04	0.79	0.41	0.37	0.33	0.2	0.19	0.17
	皖新传媒	75.42	6.85	1.14	1.09	0.83	0.27	0.2	0.16	0.15	0.13
	新华文轩	52.22	4.7	2.74	0.83	0.58	2.72	36.21	—	—	—
	粤传媒	49.4	19.09	1.26	0.85	0.34	0.29	0.25	0.23	0.2	0.19
	北青传媒	63.27	3.73	9.9	9.9	9.9	9.9	9.9	9.9	2.5	2.5
	现代传播	61.22	7	5.71	5.71	5.71	5.71	5.71	5.71	5.64	5.64
2013	中南传媒	61.46	3.23	2.22	1.87	1.61	1.26	1.24	1.16	1.06	0.7
	凤凰传媒	72.1	2	1.31	0.64	0.34	0.31	0.24	0.24	0.21	0.2
	浙报传媒	49.76	7.06	4.83	3.03	2.42	1.95	1.82	1.79	1.77	1.54
	中文传媒	63.72	4.12	3.2	2.19	1.73	1.39	1.39	1.11	1.05	0.32
	时代出版	57.74	8.17	1.97	1.19	0.79	0.73	0.6	0.58	0.53	0.48
	博瑞传播	23.32	10.2	1.07	0.95	0.88	0.88	0.88	0.87	0.82	0.73
	出版传媒	67.99	2.49	0.14	0.13	0.12	0.11	0.11	0.1	0.1	0.09
	长江传媒	56.33	2.18	2.01	1.95	1.69	1.45	1.44	1.43	1.43	1.26
	大地传媒	75.78	2.72	2.04	0.18	0.18	0.17	0.17	0.16	0.16	0.13
	新华传媒	30.58	23.49	2.53	1.83	0.79	0.52	0.5	0.37	0.33	0.24
	皖新传媒	75.73	6.85	0.3	0.27	0.24	0.23	0.2	0.15	0.13	0.12
	新华文轩	52.22	4.7	2.74	0.83	0.58	38.93	—	—	—	—
	粤传媒	19.4	19.09	1.26	0.42	0.4	0.36	0.34	0.29	0.26	0.23
	北青传媒	63.27	3.73	9.9	9.9	9.9	9.9	9.9	9.9	2.5	2.5
	现代传播	61.48	8.01	5.86	5.86	5.81	5.81	5.81	5.81	5.81	5.81
2014	中南传媒	61.46	3.52	3.23	1.44	1.23	1.01	0.75	0.56	0.46	0.45
	凤凰传媒	72.11	2	0.45	0.44	0.37	0.32	0.22	0.17	0.16	0.16
	浙报传媒	49.76	7.06	1.65	1.54	0.37	0.3	0.29	0.28	0.28	0.27
	中文传媒	63.72	2.18	1.6	1.42	0.83	0.59	0.49	0.47	0.33	0.22
	时代出版	56.79	7.83	1.97	0.63	0.62	0.48	0.4	0.24	0.18	0.16
	博瑞传播	23.32	10.2	0.88	0.88	0.7	0.64	0.62	0.58	0.56	0.43
	出版传媒	67.52	0.23	0.18	0.13	0.11	0.1	0.1	0.1	0.1	0.1

续表

年度	名称	1	2	3	4	5	6	7	8	9	10
	长江传媒	56.33	2.01	1.95	1.45	1.26	0.85	0.77	0.73	0.71	0.7
	大地传媒	77.13	1.99	1.54	1.1	0.98	0.95	0.91	0.8	0.63	0.51
	新华传媒	30.06	23.49	1.47	0.79	0.31	0.29	0.25	0.23	0.19	0.17
	皖新传媒	75.73	6.85	1.41	0.66	0.43	0.33	0.2	0.19	0.18	0.16
	新华文轩	52.22	4.7	2.74	0.83	0.58	38.93	—	—	—	—
	粤传媒	47.11	18.21	1.2	1.05	0.66	0.52	0.45	0.4	0.32	0.29
	北青传媒	63.27	3.73	9.9	9.9	9.9	9.9	9.9	9.9	2.5	2.5
	现代传播	62.53	7.98	5.88	5.71	5.71	5.71	5.71	5.71	5.71	5.71
2015	中南传媒	61.46	3.72	3.23	2.22	1.23	1.22	0.97	0.82	0.67	0.67
	凤凰传媒	72.62	2	1.3	0.65	0.54	0.43	0.39	0.36	0.27	0.22
	浙报传媒	49.76	7.06	1.62	1.54	1.51	1.15	0.84	0.67	0.65	0.44
	中文传媒	54.83	4.87	2.87	2.39	2.32	1.59	1.11	0.91	0.9	0.7
	时代出版	56.79	6.22	1.79	1.75	1.5	0.62	0.56	0.48	0.46	0.45
	博瑞传播	23.37	10.2	2.72	1.54	1.14	0.73	0.7	0.55	0.55	0.44
	出版传媒	67.52	1.8	1.45	0.56	0.45	0.44	0.34	0.31	0.3	0.25
	长江传媒	55.93	2.45	1.44	1.12	1.01	0.85	0.84	0.79	0.76	0.67
	大地传媒	77.13	2.2	1.1	1.04	0.92	0.81	0.73	0.64	0.51	0.35
	新华传媒	27.71	23.49	1.59	1.4	1.25	0.97	0.81	0.79	0.73	0.73
	皖新传媒	75.51	6.85	1.15	0.88	0.86	0.66	0.54	0.37	0.33	0.33
	新华文轩	59.79	2.96	2.03	1.61	1.57	1.57	1.54	1.5	1.5	1.33
	粤传媒	47.11	18.21	1.05	1.05	0.71	0.6	0.51	0.4	0.29	0.23
	北青传媒	63.27	3.73	9.9	9.9	2.5	2.5	2.5	2.5	2.5	2.5
	现代传播	63.56	7.97	5.54	5.71	5.71	5.71	5.71	5.71	—	—

注:"—"表示数据不可获取;北青传媒属海外上市企业,其第二大股东持股比例虽不大,但因其为内资股且在年报中排第二位,因此本研究尊重其原始排序。

后　记

今夜，感慨！

经过无数个不眠之夜和持续通宵作战，经过六年的磨砺与忙碌，我似乎早就忘记了感慨，但今夜必须是有的。

六年前，刚到管院读博的一个夜晚，我站在学院顶楼望着灯火通明的复兴岛和滚滚逝去的江水，一种情感油然而生："海上细腻在于透过淡淡的咸味，让你鼻触到夜光灼热的云岚巅峰，飞旋流走，众生浮现，相邀躬樽，奈何无醉"，如今再回想当初的心境真是五味杂陈。这六年来，我的基本生活状态就是"上海—合肥—上海""学生—教师—学生"，两地与两种角色的轮转循环；最开心的事情就是看着一帮哥们儿抽着10元左右的香烟却眉头紧锁地说"钓鱼岛这事怎么弄啊"抑或在走廊开着民间组织部研讨会；最痛苦的事情就是经常性一周往返"合肥—上海"一次；最怕的事情就是有人问"你什么时候毕业呀"；最惭愧的事情就是这几年没能好好陪伴家人。

今夜，感恩！

感恩我的两位授业恩师：一位是原国家新闻出版总署署长柳斌杰教授。在来理工大学之前，我根本想不到自己能有幸师从一位有时会出现在全国新闻联播画面中的人物。恩师对弟子要求是严格的，2010年8月初次见面就让我意识到做他合格的弟子并非一件易事。他当时看着我说了一句："我对自己的弟子要求是很严的，做学问一定要基本功扎实，否则你是做不下去的。"他又是非常严谨的，在得知我从美国访学回来后，在百忙之中专程来上海给我做了博士论文开题，见面就拉着我的手说："我今天是专门为你论文开题来的。"我当时被感动地一句话也说不出来。对于博士论文的选题、撰写，他更是亲自把关、字斟句酌，细心指导。传说中，很多同门的博士论文都是他利用出访乘飞机的时间完成修改，提出指导建议，估计该文也应该是恩师"高空作业"的吧。我在想，他实则也是在以身示范教育弟子该如何做人、做事和做学问。他对弟子又是充满关爱的，他关于师生关系的经典论断就是"师生之间也是一种传承，父母和子女传承的是血缘，师生之间传承的是思想"。他对弟子们生活、身体健康的关心，学术研究上进步的期待，让我们丝毫感觉不到他是一位政府高官；每一次与他的交流都像与一位长者、朋友之间的那种对话，无拘无束、开心和愉悦。

另一位恩师就是原上海理工大学副校长陈敬良教授。在学术研究上，他有着非凡的敏锐眼光，而且极其严谨，对弟子的要求也很高。恩师的一句话让我记忆非常深刻，"我对自己博士生要求一定是非常严格的，我宁愿他因为管理严格责怪我，也不愿意学生步入社会后人家责怪他没学好"。我一直觉得他是一位智者，因为他对各种问题的观测和解决方法总是能让弟子们眼前一亮、茅塞顿开。在我读博期间，他亲自带着我们把一些行业课题、政府决策咨询课题、一些纵向高级别课题等基本都打了个通关。弟子们受益最多的就是他主持的项目研究进展汇报会，在会上我们会把研究结果做详细汇报，尤其是在讨论环节上，我们会发现有着完全不同学科背景和研究专长的专家或同门对自己的研究成果进行非常精细的点评，这种激烈的学术研讨和思想碰撞让大家的研究视野豁然开朗。很多时候，这种研讨总是在恩师忙完了一天行政事务的晚上、周末，有时可能要到深夜，甚至是整个周末。至今，"思晏堂"恩师三楼办公室的那缕灯光仍时常非常静秘地闪烁在我对母校的回忆中。我也切实感受到了恩师对每一个弟子的针对性训练，他总是借助行业调研、学术会议等方式督促我们“走出去”，锻炼我们的待人接物、人际交往、独立思考、精准判断等能力。

现在想想，自己此生最大的幸运和幸福就是能跟随这两位导师学习，收获的不仅仅是学术思想、方法，还包括为人、做事等方面的经验；自己现在的些许学术武功也都是被两位恩师帮扶着一招一式地磨炼出来的。再次感恩！

今夜，感谢！

这是一个非常庞大的群体。首先感谢美国北亚利桑那大学传媒学院合作导师 Norman J. Medoff（院长，博士、教授）、Daniel Landon Foster（博士）、Angele Anderfuren（教师，拥有 17 年媒体工作经历的资深媒体人），感谢几位对我在美访学期间的精心照顾，尤其是 Daniel 博士提供了很多关于本研究的学术资料；其次，感谢高岩教授、叶春明教授、孙绍荣教授、罗尧成教授、郝振省教授、李本乾教授等在本人读博期间及本研究完成过程中的倾心指导与大力支持；再次，感谢许多博士同门及同学们在课题调研及研究过程中的无私帮助与关心；最后，感谢我的家人多年来无怨无悔地大力支持。

今夜，祝福！

衷心祝福上述所有人幸福、健康、快乐！

谢谢！

杨庆国
2016 年 3 月于上海

图书在版编目(CIP)数据

出版传媒集团投融资效率研究——基于体制变迁的评价与验证 / 杨庆国著.—北京：
中国传媒大学出版社,2017.11
(出版 · 传播 · 文化丛书)
ISBN 978-7-5657-2049-9

Ⅰ.①出… Ⅱ.①杨… Ⅲ.①出版发行—企业集团—投融资体制—研究—中国
Ⅳ.①G239.2

中国版本图书馆 CIP 数据核字（2017）第 123213 号

出版传媒集团投融资效率研究——基于体制变迁的评价与验证
CHUBAN CHUANMEI JITUAN TOURONGZI XIAOLYU YANJIU——JIYU TIZHI BIANQIAN DE PINGJIA YU YANZHENG

著　　者　杨庆国
策划编辑　李水仙
责任编辑　李　明
责任印制　曹　辉
封面设计　郭　琳

出版发行　中国传媒大学出版社
社　　址　北京市朝阳区定福庄东街 1 号　邮编：100024
电　　话　86-10-65450528　65450532　传真：65779405
网　　址　http://www.cucp.com.cn
经　　销　全国新华书店

印　　刷　北京玺诚印务有限公司
开　　本　710mm×1000mm　1/16
印　　张　13.25
字　　数　182 千字
版　　次　2017 年 11 月第 1 版　2017 年 11 月第 1 次印刷

书　　号　ISBN 978-7-5657-2049-9/G · 2049　定　　价　59.00 元